Die drei ??? Kids

Ulf Blanck, 1962 in Hamburg geboren, leitet eine Werbeagentur und ist als Autor und Radiomoderator für verschiedene Rundfunksender tätig. Er hat zahlreiche Kinder- und Jugendbücher veröffentlicht und gehört seit Start der Reihe »Die drei ??? Kids« zum Autorenteam. Ulf Blanck lebt mit seiner Familie südlich der Elbe bei Hamburg.

Boris Pfeiffer, geboren 1964, war Buchhändler, arbeitete an verschiedenen Theatern und studierte Drehbuch an der Film- und Fernsehakademie in Berlin. Inzwischen schreibt er hauptsächlich Theaterstücke und Kinder- und Jugendbücher.

Die drei ??? Kids

Achtung, Strandräuber!

Erzählt von Ulf Blanck

Mit Illustrationen von Kim Schmidt

Insel der Haie

Erzählt von Boris Pfeiffer

Mit Illustrationen von Kim Schmidt

Surfstrand in Gefahr

Erzählt von Ulf Blanck

Mit Illustrationen von Jan Saße

KOSMOS
bei CARLSEN

Außerdem in der Reihe *Die drei ??? Kids* im Carlsen Verlag lieferbar:
Die drei ??? Kids – Brennendes Eis
Die drei ??? Kids – Das gefährlichste Buch der Welt
Die drei ??? Kids – Der magische Brunnen
Die drei ??? Kids – Fluch des Goldes
Die drei ??? Kids – Gefahr im Dschungel
Die drei ??? Kids – Gefährliche Spur. 30 spannende Ratekrimis!
Die drei ??? Kids – In der Schatzhöhle
Die drei ??? Kids – Schattendiebe. 30 spannende Ratekrimis!
Die drei ??? Kids – Tanz der Skelette

Die drei ??? Kids Dein Fall – Angriff der Roboter
Die drei ??? Kids Dein Fall – Der Wikingerschatz
Die drei ??? Kids Dein Fall – Labyrinth der Piraten
Die drei ??? Kids Dein Fall – Seeschlangen-Spuk
Die drei ??? Kids Dein Fall – Spur ins Römergrab
Die drei ??? Kids Dein Fall – Vampire in Rocky Beach

Veröffentlicht in der Carlsen Verlag GmbH
Völckersstraße 14-20, 22765 Hamburg
Juni 2024
Mit freundlicher Genehmigung des Franckh-Kosmos Verlages
Die drei ??? Kids – Achtung, Strandräuber! erzählt von Ulf Blanck
Mit Illustrationen von Kim Schmidt

Die drei ??? Kids – Surfstrand in Gefahr erzählt von Ulf Blanck
Mit Illustrationen von Jan Saße

Die drei ??? Kids – Insel der Haie erzählt von Boris Pfeiffer
Mit Illustrationen von Kim Schmidt

Umschlagbild: COMICON S.L
Umschlaggestaltung und -typografie: formlabor
ISBN 978-3-551-32195-4

Die drei ??? Kids
»Achtung, Strandräuber!«

Die drei ??? Kids
»Insel der Haie«

Die drei ??? Kids
»Surfstrand in Gefahr«

Achtung, Strandräuber!

Surfmeisterschaft

Onkel Titus wischte sich die verschmierten Hände mit einem Lappen ab und strahlte über das ganze Gesicht. »So, fertig! Meine selbst erfundene Surfboard-Halterung fürs Fahrrad. Bitte schön.« Justus grinste seine Freunde Bob und Peter an. »Ich hab doch gewusst, dass Onkel Titus so etwas kann. Der würde uns sogar einen Hubschrauber aus alten Blechdosen bauen.« Peter war begeistert. »Damit bin ich noch schneller am Strand und verpasse keine einzige Welle mehr. Danke, Mister Jonas.«

»Kein Problem. Ihr Jungs habt mir schon so oft auf dem Schrottplatz geholfen, da tue ich euch gerne mal einen Gefallen. Wann beginnt denn die Surfmeisterschaft, Peter?«

»Heute Nachmittag geht es mit den ersten Vorentscheidungen los. Der richtige Wettkampf beginnt dann morgen früh.«

Bob gab Peter einen Schlag auf die Schulter.

»Und du wirst gewinnen. Keiner in deiner Altersklasse surft so gut wie du.«

Peter wurde rot. »Na ja, ich habe in letzter Zeit nicht so oft trainiert. Da gibt es einige Jungs, die sind inzwischen ganz schön gut geworden.«

»Ach was«, lachte Justus, »bis die die Welle erkannt haben, stehst du längst auf dem Brett und surfst auf den Strand zu. Jeder in der Stadt setzt auf dich.«

Seit vielen Jahren war es Tradition in Rocky Beach, dass zum Ende der Sommerferien die große Surfmeisterschaft ausgetragen wurde. Alle Bewohner der Stadt konnten in ihrer jeweiligen Altersklasse mitmachen. Der Preis in Peters Junior-Gruppe war ein silberner Wanderpokal. Peter hatte ihn schon dreimal gewonnen, und eigentlich war er sich auch sicher, ihn nicht abgeben zu müssen. Behutsam schob er sein nagelneues Surfbrett in die Halterung am Fahrrad. »Sieht gut aus und scheint zu funktionieren.« Onkel Titus sah ihn empört an. »Natürlich funktioniert das! Ich habe noch nie etwas gebaut, das nicht funktioniert.« Justus musste grinsen. »Und was war mit deinem selbst gebauten Bananenschäler? Der hat am Ende Bananen in Brei verwandelt.«

»Na und? Es war eben eine vollautomatische Bananenbrei-Maschine. Die hat vor mir auch noch niemand erfunden. So, jetzt muss ich mich aber meiner richtigen Arbeit widmen und Geld verdienen. Ein Kunde will mir heute alle alten Kühlschränke abkaufen. Da ist noch einiges zu tun.«

Die drei ??? stiegen auf ihre Räder und fuhren auf der langen Küstenstraße in Richtung Meer. Rocky Beach lag direkt am Pazifik, und nicht weit entfernt von der Stadt gab es einen schmalen Sandstrand, der sich ideal zum Surfen eignete. Wie in jedem Jahr wurde hier die Meisterschaft im Wellenreiten ausgetragen. Mitten auf der Straße wurden die drei Freunde auf einmal von einem knatternden Moped überholt. Mit

nur wenigen Zentimetern Abstand raste das rostige Vehikel an ihnen vorbei. Auf dem Moped saß ein älterer Junge und grinste breit. Peter erkannte ihn sofort. »Das war Skinny Norris, unser Erzfeind. Ich wette, der will auch an den Strand. Mir wäre es lieber, wenn er nicht bei der Meisterschaft dabei wäre.« Bob hielt sich die Nase zu. »Und sein altes Moped stinkt und qualmt wie eine Zigarre.«

Nach einer Viertelstunde erreichten die drei ??? den Parkplatz oberhalb der Steilküste. Als sie auf den Platz fuhren, zeigte Bob auf einen kleinen, schäbigen Wohnwagen. Davor saß eine ältere Frau in einem Klappstuhl und kassierte die Parkgebühren. »Zum Glück müssen wir für unsere Räder nichts zahlen«, sagte er.

Vom Parkplatz aus führten Treppenstufen hinunter zum weißen Sandstrand. Dort war schon jede Menge los. Überall liefen Leute mit Surfbrettern umher. Weiter draußen trainierten die ersten Wellenreiter auf dem Wasser. Peter schnappte sich sein Surfbrett und klemmte es sich lässig unter den Arm. »Cool! Seht euch die Wellen an! Der Wind in der Nacht war optimal. Das sind richtig schöne Brecher.« Er lief eilig die Treppen hinunter und ging zielstrebig auf die kleine Strandbar zu. »Kommt!«, rief er seinen beiden Freunden zu. »Ich muss mich anmelden.«

Hinter dem Tresen der Bar stand Leonard Malcom. Aber alle nannten den bekannten Surfer einfach Lenny. Vor vielen Jahren hatte er sich bei der Surfmeisterschaft vor Hawaii als Sieger einen Namen gemacht und sich danach mit einer Strandbar in Rocky Beach niedergelassen. Neben Getränken, Eis und Kaffee verkaufte er dort auch viele Dinge, die man zum Surfen benötigte. »Hallo, Jungs!«, begrüßte er die drei. »Wenn Peter dieses Jahr wieder gewinnt, wird's langsam langweilig. Hast du den Wanderpokal dabei?«

Peter nahm seinen Rucksack ab und öffnete

den Reißverschluss. Er hatte den silbernen Pokal vorsichtshalber in einem Handtuch eingewickelt, damit er nicht verkratzte. Stolz stellte er ihn auf den Tresen. Lenny polierte die Trophäe mit einem Lappen. »Nicht schlecht. Hier ist dreimal in schönen Buchstaben eingraviert: *Peter Shaw. Erster Platz bei der Surfmeisterschaft in Rocky Beach.*« Bob unterbrach ihn. »Genau. Und wenn alles gut läuft, dann steht Peters Name bald zum vierten Mal auf dem Pokal. Und damit alles gut läuft, sind wir da. Justus und ich sind nämlich sein Team.«

Lenny hob seinen Daumen. »Sehr gut. Das ist die richtige Einstellung. Nur wer an sich glaubt, gewinnt so eine Meisterschaft. So habe ich es immer gemacht. Auch als ich damals in Hawaii den Titel gewann ... Es gab riesige Brecher zu der Zeit, hoch wie Lastwagen. Ich weiß noch, wie ich die entscheidende Welle geritten bin. Sie kam auf mich zu, und ich wusste sofort, dass dies die Welle meines Lebens wird. Sie war ge-

waltig. Ich habe sie perfekt genommen und schoss durchs Wasser wie ein Delfin. Die Welle bäumte sich auf, als wollte sie mich abschütteln, doch ich stand auf meinem Board wie festgeschraubt und jagte durch das brodelnde Meer. Ich war umgeben von aufschäumendem Wasser, das sich wie ein sprudelnder Vulkan tosend auf mich stürzen wollte.« Lenny schwieg und blickte nachdenklich aufs Meer.

Die drei ??? wussten, dass Leonard Malcom

vor vielen Jahren mit dem Wellenreiten aufgehört hatte. Er hatte damals als Surflehrer gearbeitet, und durch seine Schuld hatte einer seiner Schüler fast das Leben verloren. Lenny konnte sich den Fehler nicht verzeihen und hatte geschworen, nie wieder auf ein Surfbrett zu steigen. Doch jeden Tag blickte er sehnsuchtsvoll auf die Brandung und überlegte, wie er die eine oder andere Welle reiten würde.

Erzfeind

Plötzlich wurde Lenny von einer lauten Stimme aus seinen Tagträumen gerissen. »He! Ich will eine Cola! Aber kalt und ohne Eis.« Es war Skinny Norris, der sich betont lässig an die Bar lehnte. Er kannte die drei ??? nur allzu gut. »Ja, ja. Seht euch den Silberpott nur noch mal gut an. Dieses Jahr werde nämlich *ich* den Kelch mit nach Hause nehmen. Deine Glückssträhne ist vorbei, Langer! Ich habe die letzten Monate hart trainiert und bin so viele Wellen geritten wie du in deinem ganzen Leben nicht.« Frech grinsend schob Skinny sich seine Sonnenbrille tief ins Gesicht. »So, was ist mit meiner Cola?«

Lenny öffnete eine Dose, drehte sie um und ließ den Inhalt langsam über den Tresen rinnen. Skinny Norris sah ihn entgeistert an. »He! Was soll das? Bedient man so seine Gäste? Gib mir ein Glas!« Lenny setzte sich in aller Seelenruhe auch seine Sonnenbrille auf. »Ein Glas? Oh, das

hättest du sagen sollen. Macht zwei Dollar, bitte!« Er grinste und zwinkerte den drei ??? zu. Skinny Norris aber verschwand wütend von der Bar und schimpfte dabei wie ein Rohrspatz. »Ich mag den Kerl nicht«, sagte Lenny. »Außerdem habe ich es nicht nötig, unfreundliche Leute zu bedienen.«

Peter füllte nun den Anmeldebogen für den Wettkampf aus. »Ich werde die guten Wellen ausnutzen und für morgen trainieren«, sagte er. Staunend betrachtete Lenny Peters Surfbrett. »Ganz schön cool, dein Board. Hast du das selbst bemalt? Sieht aus, als wären drei Fragezeichen drauf.« Peter grinste. »Das sieht nicht nur so aus, das *sind* drei Fragezeichen. Das hat sonst keiner auf seinem Brett.« Von der wahren Bedeutung der drei ??? erzählte er Lenny aber nichts. Schließlich war es seit Langem das geheime Erkennungszeichen der drei Detektive.

»Dann drück ich dir die Daumen, dass du auch dieses Jahr den Pokal gewinnst, Peter. So, ich muss jetzt schnell oben zu meinem Lieferwagen und Nachschub an Getränken holen. Bei der Surfmeisterschaft verkaufe ich in wenigen Tagen so viel wie sonst in einem ganzen Monat.«

Kurz darauf sprang Peter ins Wasser und schwamm mit seinem Surfbrett in den Bereich, wo sich die Wellen brachen. Justus und Bob beobachteten ihn vom Strand aus.

Da rannte auf einmal hinter ihnen ein Mann die Treppe der Steilküste hinunter und fuchtelte wild mit den Armen. »Man hat mir den Wagen aufgebrochen. Schweinerei! Wo ist die Polizei, wenn man sie braucht?« Justus drehte sich um und sah, wie der Mann auf die Strandbar zulief. »Schnell, hat jemand ein Handy? Meins ist geklaut worden. Auch meine Musikanlage und meine Brieftasche sind weg.« Lenny reichte ihm ein Telefon. »Bitte, Sir. Das ist ja unglaublich. Hier am Strand ist noch nie was weggekommen.«

Neugierig ging Justus auf den verschwitzten Mann zu. »Darf ich fragen, *wie* die Diebe Ihren Wagen aufgebrochen haben, Sir?« Der Mann sah ihn verwirrt an. »Wieso willst du das wissen? Du siehst nicht aus, als ob du ein Polizist wärst.«

»Nein, aber meine Freunde und ich arbeiten oft mit der Polizei zusammen. Haben die Diebe die Scheibe eingeschlagen?«

»Nein, die Gauner haben das Schloss aufgebrochen. Das müssen Profis gewesen sein. Und dabei ist mein kleiner roter Flitzer gerade mal eine Woche alt. So, jetzt muss ich aber die Polizei anrufen.« Justus zog Bob zu sich heran. »Wir werden uns die Sache einmal genauer ansehen. Peter kommt in den Wellen auch ohne uns klar«, flüsterte er.

Der Parkplatz war mittlerweile recht voll, es gab nur noch wenige freie Plätze. Schnell hatte Bob den aufgebrochenen Wagen entdeckt. »Der Sportwagen dort vorn muss es ein. Es ist der einzige weit und breit.« Als sie sich dem Auto näherten, wurde seine Vermutung bestätigt: Das Schloss der Beifahrertür war zerstört. »Vorsicht, nichts anfassen!«, warnte Justus. »Wenn die Polizei Glück hat, dann findet sie Fingerabdrücke. Wenn es Profis waren, dann haben die aber garantiert Handschuhe getragen.« Justus und Bob blickten durch die Seitenscheibe ins Wageninnere und sahen herausgerissene

Kabel. »Das war mal die Musikanlage«, murmelte Bob. »Ich wette, der Mann hat seine Brieftasche und sein Handy offen im Wagen liegen gelassen. Kein Wunder, dass er damit Diebe anlockt.«

In diesem Moment fuhr ein Polizeiwagen auf den Platz. Die Frau vor dem Wohnwagen stand verwirrt auf und ging auf das Auto zu. »Guten Morgen, die Herren. Will die Polizei hier offiziell parken?« Justus erkannte den Beamten hinter dem Lenkrad sofort. »He, das ist Kommissar Reynolds. Los, wir gehen zu ihm!« Der Kommissar stieg aus und zeigte der Frau seine Dienstmarke. »Nein, Madam. Ich bin beruflich hier. Ich bekam eine Funkmeldung aus der Zentrale: Hier soll ein Wagen aufgebrochen worden sein. Haben Sie etwas Ungewöhnliches bemerkt?« Die Frau schüttelte den Kopf. »Ein Einbruch? Unglaublich. Nein, ich habe nichts gehört oder gesehen.«

In dem Moment erkannte der Kommissar Justus und Bob. »Ah, meine Spezialeinheit. Immer zur Stelle, wenn irgendwo etwas passiert. Wo habt ihr denn den dritten Mann gelassen?«

»Peter kämpft mit den Wellen«, antwortete Bob. »Er will dieses Jahr zum vierten Mal die Surfmeisterschaft gewinnen.« Der Kommissar wischte sich den Schweiß mit einem Taschentuch aus dem Gesicht. »So ist es richtig. Als ich so jung war wie ihr, da habe ich auch bei der Meisterschaft mitgemacht. Leider gewannen immer andere. Darum bin ich ja auch nicht Surfer geworden, sondern Polizist. Da schnappt man sich zwar keine große Welle, aber so manchen Gauner. Wisst ihr etwas von einem Autoeinbruch?« Schnell erzählte Justus ihm die Geschichte. »Respekt, Jungs! Ihr seid mal wieder schneller, als die Polizei erlaubt. Wo steht der Wagen?«

Justus und Bob führten den Kommissar zu dem roten Sportwagen. »Hm, klarer Fall. Das waren Profis. Die können mit ihrem Spezialwerkzeug eine Autotür innerhalb weniger Sekunden öffnen. Ich lasse meine Leute von der Spurensicherung kommen, aber die werden wohl keine Fingerabdrücke finden.«

Die Frau, die die Parkgebühren kassierte, war dem Kommissar und den drei ??? gefolgt. »Ein Einbruch mitten am Tag. Und das direkt vor meiner Nase. Unglaublich. Heute Morgen war hier allerdings auch der Teufel los …«

Justus blickte über den vollen Platz. »Sind denn nur Autos *angekommen*, oder sind auch schon wieder welche *abgefahren*?« Die Frau überlegte nicht lange. »Nein, kein einziger Wagen hat den Platz bisher verlassen. Alle wollen ja die Meisterschaft sehen.«

»Gute Frage, Justus«, nickte Kommissar Reynolds. »Das bedeutet, dass der Dieb sich noch auf dem Gelände rumtreibt.«

»Aber nur, wenn er mit dem Auto gekommen ist«, ergänzte Bob.

»Richtig. So, jetzt werde ich einmal den Geschädigten befragen. Er ist unten an der Strandbar, sagt ihr?« Justus nickte. »Ja, zumindest war er dort eben noch. Wir kommen mit, Kommissar.«

Strandräuber

Als der bestohlene Mann den Kommissar erblickte, eilte er direkt auf ihn zu. »Na endlich, die Polizei. Ich warte schon seit Stunden.« Der Kommissar warf einen Blick auf seine Uhr. »Seit Stunden, Mister? Es sind seit Ihrem Anruf gerade einmal zehn Minuten vergangen.«

Peter war mittlerweile aus dem Wasser zurück und lief verwundert zu seinen beiden Freunden an die Bar. »Was ist denn los?«, staunte er. »Wieso ist Reynolds hier?« Schnell klärte ihn Bob über den Fall auf. »Ein Diebstahl?«, rief Peter. »Und ich dachte, es geht heute nur ums Surfen. Kaum bin ich für ein paar Minuten weg, steckt ihr schon wieder in einem neuen Fall.«

Kommissar Reynolds hatte in der Zwischenzeit die Daten des Mannes aufgenommen. »So, jetzt habe ich alles: Name, Adresse und eine Liste der gestohlenen Sachen. Meine Leute werden die Spuren sichern, und ich werde einen Bericht schreiben, Mister Brandon.« Der Mann schnappte empört nach Luft. »Ein Bericht? Was soll ich mit einem Bericht? Ich will, dass Sie die Täter fassen. *Das* ist Ihre Aufgabe! Von einem Bericht bekomme ich mein Eigentum nicht zurück.«

»Mister Brandon, beruhigen Sie sich. Alles geht seinen geregelten Gang. Die Polizei von Rocky Beach tut ihr Bestes.« Der Mann nickte grimmig und verschwand dann mit dem Kommissar nach oben zum Parkplatz.

Justus hatte genug gehört

und zog seine beiden Freunde zu sich. »Wir werden die Augen offen halten. Der Dieb ist mit hoher Wahrscheinlichkeit hier am Strand.«

Peter aber interessierte sich weniger für den Dieb als für die Meisterschaft. »Und ich werde mit hoher Wahrscheinlichkeit ein Auge auf die Wellen werfen, wir sind schließlich zum Surfen hier und nicht, um Diebe zu fangen.« Doch plötzlich blieb er wie angewurzelt stehen. »Das darf doch nicht wahr sein! Mein Surfbrett ist weg! Ich habe es dort vorn direkt am Wasser in den Sand gelegt.«

»Du meinst dort, wo sich jetzt Skinny Norris auf einer Decke breitgemacht hat?«, fragte Bob.

»Ja, genau dort. Wenn Skinny mein Brett ins Wasser geworfen hat, kann er was erleben.« Wütend rannte Peter auf den Jungen zu. Doch dieser zuckte nur mit den Schultern, als Peter ihn ansprach. »Was hab ich mit deinem blöden Brett zu tun? Da musst du selbst drauf aufpassen. Es wurde wahrscheinlich von einer Welle ins

Meer gespült. Tja, Pech gehabt. Bei dem Wind heute treibt es einmal über den Pazifischen Ozean. In ein paar Monaten kannst du es vielleicht in Japan aus dem Wasser fischen. Nur schade um die Surfmeisterschaft. Kein Brett, kein Pokal.« Skinny Norris lachte hämisch.

Wütend ballte Peter die Fäuste. Doch in dem Augenblick rollte eine große Welle auf den Strand zu, und das Wasser schoss über den weißen Sand. Skinny sprang erschrocken auf und rettete sein Handtuch. »Oh Mann! Was für ein Riesenbrecher!« Als sich das Wasser wieder zurückzog, machte Bob eine Entdeckung. »Seht mal! Da schaut was aus dem Sand heraus. Das Wasser hat es freigespült.« Peter riss die Augen auf. »Das glaub ich nicht! Das ist mein Surfbrett. Skinny hat es hier vergraben und sich mit seiner Decke draufgelegt.«

Skinny Norris schien es egal zu sein, dass er eiskalt erwischt wurde. »Ha! Reingelegt! Ihr hättet eure dummen Gesichter sehen sollen.

Schade, dass ich kein Foto gemacht habe.« Dann rannte er lachend davon. Peter ballte erneut die Faust und rief ihm wütend hinterher: »Das zahl ich dir heim, Skinny!«

Gemeinsam gruben die drei ??? das Surfbrett aus. Es steckte nicht sehr tief im Sand. »Glaubt ihr, dass Skinny hinter dem Autoeinbruch steckt? Immerhin hat er eben versucht, ein Surfbrett zu stehlen«, fragte Bob. Justus knetete nachdenklich seine Unterlippe. »Ich würde Skinny so einiges zutrauen. Bei dem Einbruch bin ich mir aber nicht sicher. Skinny Norris ist viel zu blöd für so etwas. Aber vielleicht täusche ich mich. Wie gesagt, wir müssen die Augen offen halten.« Peter wusch im Meer den Sand von seinem Brett. »Die Frage ist nur, ob man zwei Sachen gleichzeitig machen kann: eine Surfmeisterschaft gewinnen und einen Verbrecher jagen.«

»Wir werden beides schaffen«, sagte Justus mit Entschiedenheit.

In diesem Moment schallte eine laute Stimme über den Strand. Es war Mike Fuller, der mit einem Megafon auf einem großen Stein stand. Wie jedes Jahr leitete er den Wettkampf. »Liebe Surffreunde, es ist wieder so weit. Die Surfmeisterschaft von Rocky Beach beginnt. Noch nie hatten wir so viele Teilnehmer. Wind und Wellen sind optimal. Ich wünsche uns allen einen fairen und spannenden Wettkampf.«

Spurensuche

Die Menge applaudierte, und Mike Fuller schoss eine Seenotrakete in die Luft. Das war Tradition. Am Strand saßen an einem langen Tisch die Jurymitglieder. Mike Fuller nahm in der Mitte Platz. Beim Wellenreiten wurden von der Jury Punkte vergeben. Je wilder und actionreicher die Surfer auf der Welle ritten, desto mehr Punkte bekamen sie. Aber es gab auch Abzüge, wenn ein Surfer die Regeln nicht beachtete. So durfte zum Beispiel kein Teilnehmer dem anderen auf dem Wasser die Vorfahrt nehmen.

Mike Fuller griff wieder nach dem Megafon. »Ich darf jetzt die erste Gruppe ins Wasser bitten. Immer drei von euch kommen in die nächste Runde. Viel Spaß mit den Wellen!«

Wieder applaudierten alle, und eine Gruppe von acht Surfern rannte ins Wasser. Wenig später standen die ersten bereits auf ihren Brettern und rasten die hohen Wellenberge hinunter.

BEACH BAR
Cool drinks

Gleich zu Beginn rutschte einer der Teilnehmer von seinem Brett und landete mit einem großen Klatscher im Wasser. Wie alle Surfer hatte er das Brett mit einer Leine – die von den Surfern *Leash* genannt wurde – an seinem Fußgelenk festgebunden, damit es nicht unkontrolliert durch die Wellen getrieben wurde.

Peter beobachtete alles konzentriert. Er musste als Gewinner des letzten Jahres nicht bei den Vorentscheidungen mitkämpfen, sondern war automatisch für die Meisterschaft nominiert. »Da sind einige dabei, die haben es echt gut drauf. Es wird diesmal nicht einfach werden zu gewinnen.«

Plötzlich hörten sie Lenny an der Bar lautstark fluchen. »Verdammt! Wer hat mir die Kasse geklaut?« Sofort rannten die drei ??? zu ihm. »Man hat Sie beklaut?«, fragte Justus atemlos. »Ja! Das gibt es doch nicht. Da muss jemand über den Tresen gegriffen haben.« Bob sah sich entsetzt um. »Das heißt, der Dieb ist ganz in der Nähe. Können Sie sich an irgendein Gesicht erinnern?« Lenny schlug wütend mit der Faust gegen seinen Kühlschrank. »Wie soll ich mich da erinnern? Heute kamen schon haufenweise Leute an die Bar. Es könnte jeder gewesen sein.« Justus beugte sich über den Tresen. »War es denn eine richtige Kasse?«

»Nein, ich benutze eine leere Keksdose für das Geld. Ich nehme ja hier mit der Bar keine Millionen ein. Aber zweihundert Dollar waren bestimmt drin.«

»Das ist alles sehr seltsam«, murmelte Justus. »Wir werden die Augen offen halten und kommen später noch einmal wieder.«

Die drei ??? gingen ein Stück am Strand entlang und setzten sich am Rand der Steilküste auf einen Felsen. Justus nahm einen Stein in die Hand und legte ihn neben sich. »Also, lasst uns nachdenken. Wir haben zwei Diebstähle und mehrere Verdächtige. Dieser Stein steht für Skinny Norris. Dem trauen wir einiges zu, und heute hat er schon mit Peters Brett bewiesen, dass er in der Lage ist, etwas zu klauen.«

Bob legte einen zweiten Stein dazu. »Dann gibt es noch die alte Oma auf dem Parkplatz. Die hätte auf jeden Fall Zeit für den Autoeinbruch gehabt. Außerdem ist es unwahrscheinlich, dass sie überhaupt nichts mitbekommen hat.«

»Richtig«, fuhr Peter fort. »Aber ob die ein Türschloss knacken kann?« Auch er legte einen Stein auf den Felsen. »Und um keine Möglichkeit auszulassen, müssen wir auch Lenny in den Kreis der Verdächtigen nehmen. Wisst ihr noch: Kurz bevor der Wagen aufgebrochen wurde, verschwand er in Richtung Parkplatz, um Getränkenachschub zu holen.«

»Stimmt«, bestätigte Bob. »Aber wieso sollte er sich selbst beklauen?«

»Vielleicht wollte er von sich ablenken?«, überlegte Justus. »Jemanden, dem selbst etwas geklaut wird, verdächtigt man nicht so schnell.«

Grinsend ließ Bob jetzt viele Sandkörner aus seiner Hand auf den Felsen rieseln. »Und wenn alles möglich ist, dann sind auch alle Besucher hier am Strand verdächtig. Freunde, wenn wir nicht mehr Anhaltspunkte finden, dann können wir lange suchen.«

Es ertönte wieder die Stimme von Mike Fuller aus der Ferne. Er gab die ersten Ergebnisse der Vorentscheidungen bekannt. Justus wischte mit einer Handbewegung alle Steine vom Felsen. »Kommt, lasst uns zurückgehen. Hier kommen wir nicht weiter.«

In der kleinen Bucht am Surfstrand zelteten oft Menschen und machten in der Nacht Lagerfeuer. Neben einem Haufen abgebrannter Hölzer stapelte sich deswegen jede Menge Treibholz. Plötzlich entdeckte Bob beim Gehen zwischen den Hölzern etwas silbrig Glänzendes. Neugierig schob er mit dem Fuß den kleinen Holzberg beiseite. Jetzt sahen es alle drei gleichzeitig: »Lennys Keksdose!«, flüsterte Peter entgeistert. Vorsichtig hob er sie auf. »Natürlich leer. Der Dieb hat das Geld rausgenommen und die Dose hier versteckt.«

»Und wenn es eine andere Dose ist?«, gab Bob zu bedenken. Justus schüttelte den Kopf. »Das glaube ich nicht. So ein Zufall wäre extrem unwahrscheinlich. Aber wir werden Lenny die Dose zeigen. Zuvor würde ich sie allerdings gern auf Fingerabdrücke untersuchen.« Peter legte die Dose erschrocken wieder ab. »Hättest du das nicht gleich sagen können, Just? Jetzt sind *meine* Fingerabdrücke auf dem Blech. Und wie willst du überhaupt hier Fingerabdrücke unter-

suchen. Alles, was wir dafür brauchen, haben wir in der Kaffeekanne.« Die *Kaffeekanne* war das Geheimversteck der drei ???. Eigentlich war es ein alter Wassertank für die Dampflokomotiven, der versteckt zwischen hohen Büschen etwas außerhalb von Rocky Beach stand. Justus grinste. »Irrtum. Alles, was wir benötigen, finden wir am Strand. Die schwarze Asche des Lagerfeuers kann man hervorragend als Fingerabdruckpulver verwenden.«

»Und wie willst du es verteilen? Wir brauchen dafür einen weichen Pinsel.« Aber auch darauf wusste Justus eine Antwort. »Wir nehmen eine Möwenfeder. Hier am Strand liegen haufenweise davon herum. So eine Feder ist noch weicher als unser Pinsel.«

Bald hatten die drei ??? eine Feder gefunden und machten sich an die Arbeit. Vorsichtig tupften sie den feinen Ruß mit der Feder auf die Keksdose. Schon wurden erste Fingerabdrücke sichtbar. »Hier, das müssen meine Abdrücke sein. Ich habe die Dose am oberen Rand angefasst«, sagte Peter. Doch nach und nach waren weitere Spuren zu erkennen. Bob wischte seine Brille mit dem T-Shirt sauber. »Auf den ersten Blick sehen die alle gleich aus. Mich würde es nicht wundern, wenn sie von Lenny stammen. Wenn wir keine anderen finden, gibt es nur zwei Möglichkeiten: Entweder hat sich Lenny tatsächlich selbst beklaut und die Dose hier versteckt. Oder unser Mister X hat wieder Handschuhe getragen.« Justus blinzelte in die Sonne. »Die zweite Möglichkeit halte ich für sehr unwahrscheinlich, denn es würde auffallen, wenn jemand bei über 30 Grad an der Bar Handschuhe trägt. Es bleibt uns nichts anderes übrig: Wir müssen jeden einzelnen Fingerabdruck vergleichen.«

Doch ohne Lupe war das eine schwierige Angelegenheit. Fast wollten die drei Detektive aufgeben, als Peter eine interessante Entdeckung machte. »Moment mal! Wir haben uns bisher immer auf die einzelnen Fingerabdrücke konzentriert. Aber seht einmal hier! Wenn ich mich nicht täusche, dann erkennt man am Deckel eine ganze Hand.«

Bob verstand nicht, worauf Peter hinauswollte. »Ja, das stimmt. Aber wieso sollte uns das weiterbringen? Wenn einer den Deckel der Dose öffnen will, dann braucht er eben seine ganze Hand. Die Frage ist nur, wem sie gehört.«

Peter ließ nicht locker. »Einen einzelnen Fingerabdruck können wir tatsächlich nicht so leicht ohne Lupe vergleichen. Aber was wir erkennen können, ist, dass es sich um eine *rechte* Hand handelt.«

Bob war immer noch nicht begeistert von der Entdeckung. »Toll, dann fallen alle Linkshänder am Strand als Täter aus. Leider gibt es davon nur wenige.«

Mit der nächsten Antwort ließ Peter sich viel Zeit. »Das ist aber immer noch nicht alles, Freunde. Schaut mal hin und zählt die Finger.

Unserem großen Unbekannten fehlt nämlich der Ringfinger. Der Abdruck hat dort eine Lücke.«

Aufgeregt beugte sich Justus dicht über die Dose. »Das stimmt. Der Ringfinger fehlt. Es kann aber natürlich sein, dass der Unbekannte den Finger beim Öffnen der Dose einfach nicht benutzt hat.«

Peter legte vor seine beiden Freunde einen Stein. »Okay, machen wir ein Experiment. Hebt einmal diesen Stein auf. Und versucht, dabei den Ringfinger *nicht* zu benutzen.« Justus hob als Erster den Stein an. »Peter, du hast recht. Man kann den Stein zwar ohne Ringfinger anfassen, aber das ist eine ganz unnatürliche Haltung. Der Täter müsste mit voller Absicht seinen Ringfinger vom Stein ferngehalten haben.«

Auch Bob probierte das Experiment. »Stimmt, auf diese Weise würde man niemals etwas hochheben. Und jetzt weiß ich auch, worauf Peter hinauswill: *Unserem Dieb muss ein*

Finger fehlen! Wir müssen jetzt nur noch allen am Strand auf die Hände gucken, und schon haben wir den Täter. Zumindest den, der die Keksdose geklaut hat. Was meinst du, Just?«

»Ich glaube, das wird nicht so einfach sein. Die Leute werden sich fragen, warum wir ihnen auf die Hände starren. Außerdem sind so viele Menschen in der Bucht, dass wir das niemals schaffen, bis es dunkel wird. Der Täter ist dann über alle Berge. Aber wir können zumindest unsere drei Verdächtigen kontrollieren. Bei Skinny Norris bin ich mir allerdings sicher, dass er noch alle zehn Finger hat.«

»Dann bleiben Lenny und die alte Kassiererin oben auf dem Parkplatz«, fuhr Peter fort. »Los! Worauf warten wir noch? Die Keksdose packe ich in meinen Rucksack.«

Vier-Finger-Dieb

Kurz darauf standen die drei ??? wieder vor der Strandbar. »Und? Habt ihr was entdeckt?«, fragte Lenny neugierig. Justus schüttelte den Kopf. »Nein, bisher sind wir noch nicht sehr weit gekommen mit unseren Ermittlungen.« Von der gefundenen Keksdose erzählte er nichts. »Wir hätten gern eine kalte Cola.« Er schmunzelte. »Aber bitte mit Glas.« Auch Lenny lachte. »Natürlich bekommt ihr ein Glas. Den Spaß mache ich mir nur mit unfreundlichen Gästen.«

Gerade wurde von Mike Fuller der Name von Skinny Norris durchgegeben. Er hatte sich für den Wettkampf qualifiziert. Hochnäsig ging der Junge an der Bar vorbei und grinste Justus, Peter und Bob frech an. »Na, ihr drei Kröten. Habt ihr meinen Namen gehört? Skinny wird euch morgen zeigen, wie man richtig surft. Ab dann dürft ihr mich *König der Wellen* nennen.« Peter tippte sich an die Stirn, als er weg war. »So ein Spinner.

König der Wellen – ha! Der steht auf seinem Brett wie ein nasser Frosch. Den puste ich morgen weg.«

Als Lenny den dreien die Cola reichte, blickte Justus konzentriert auf seine rechte Hand und bemerkte, dass der Barmann einen dünnen Verband trug. Was ist mit Ihrer Hand passiert?«, fragte er.

»Ach, da hab ich mich vorhin an einem Glas geschnitten. Es lag zerbrochen im Mülleimer, und ich hab die Mülltüte ungeschickt herausgenommen. Hat ganz schön geblutet.« Die drei ??? warfen sich einen kurzen Blick zu. »Die Cola geht übrigens aufs Haus, Jungs. Ich lade euch ein.«

Als die drei ??? ihre Cola ausgetrunken hatten, gingen sie zielstrebig zur Treppe hinüber, die zum Parkplatz hinaufführte. »Komischer Zufall, oder?«, begann Bob. »Gerade jetzt hat sich Lenny die Hand verletzt. Wir können deswegen nicht sehen, ob ihm der Ringfinger fehlt. Er bleibt damit verdächtig.«

Peter war sich nicht so sicher. »Vielleicht hat er sich wirklich geschnitten. Es gibt auch Zufälle. Was meinst du, Just?«

»Stimmt, Zufälle gibt es. Aber in diesem Fall sind es mir bisher zu viele Zufälle. Wir sehen uns jetzt einmal die Hand von der Frau am Wohnwagen an. Los, Beeilung!«

Die ersten Autos verließen den Parkplatz bereits wieder, und auch die ältere Dame hatte ihren Klappstuhl schon eingepackt. Bob konnte Justus kaum folgen. »He, nicht so schnell! Wie willst du die Sache eigentlich anstellen? Du kannst dir von der Frau doch nicht einfach die Hände zeigen lassen?«

»Lass mich nur machen. Mir fällt schon was ein.«

»Du bist gut, Just«, flüsterte Peter. »Bis zum Wohnwagen sind es gerade noch zwanzig Schritte«.

»Das reicht mir für eine Idee.«

Wie immer hatte Justus anscheinend im letzten Moment eine Eingebung. Er ging direkt auf die Frau zu und lächelte sie freundlich an. »Guten Tag, mein Name ist Justus Jonas. Das hier sind meine beiden Freunde Peter Shaw und Bob Andrews.«

Die Frau blickte ihn verwundert an. »Wie schön für euch. Ich bin Elisa Woods. Wie kann ich euch helfen?« Etwas argwöhnisch sah sie die drei an. Doch Justus ließ sich nicht beirren. »Wir wollten Sie fragen, ob wir nicht für unsere drei Fahrräder Parkgebühren hätten zahlen müssen. Wir möchten uns nämlich korrekt verhalten.« Jetzt kniff die Frau die Augen zusammen und verschränkte die Arme vor der Brust. »Ihr wollt einen Spaß machen, oder? Kein Mensch will doch freiwillig etwas zahlen.«

»Nein, Mrs Woods. Wir versuchen nur, drei anständige Jungen zu sein, die mit ruhigem Gewissen abends einschlafen können.«

»Ich glaube dir kein Wort. Was soll das Affentheater. Jungs in eurem Alter klettern beim Nachbarn über den Zaun und klauen Äpfel vom Baum. Verschwindet! Natürlich muss man für Fahrräder auf einem *Auto*parkplatz nichts bezahlen.«

Justus atmete erleichtert auf. »Da bin ich aber

froh, Mrs Woods. Vielen Dank. Ich wünsche Ihnen noch einen schönen Tag.«

Als er ihr zum Abschied die Hand reichte, war die Frau so überrumpelt, dass sie automatisch ihre Hand ausstreckte. »Ja, äh, euch auch einen schönen Tag.«

Die drei ??? stürmten davon, und erst unten auf der Treppe begannen sie alle drei, laut zu lachen. »Die hat vielleicht ein dummes Gesicht gemacht«, prustete Bob. »Die wird sich noch tagelang fragen, was das sollte.« Peter lachte genauso laut. »Ich wette, die hat gedacht, dass irgendwo eine versteckte Kamera aufgestellt ist. Wie bist du nur auf die Idee mit den Parkgebühren gekommen, Just?«

»Das ist ein alter Trick. Überrasche die Menschen mit Freundlichkeit, und sie werden dir alles sagen, was du willst. Habt ihr auf ihre Hände geachtet? Sie hat alle Finger und scheidet somit als Diebin aus. Mehr können wir heute wohl nicht mehr herausfinden.«

Den Rest des Tages lagen die drei ??? am Strand und genossen die warme Sonne. Ab und zu schwamm Peter mit seinem Surfbrett raus und trainierte ein wenig. Justus und Bob tobten auch in den Wellen und ließen sich ohne Brett durchs Wasser treiben. Die Surfer nannten das *Body-Surfen*. Müde und hungrig verließen die Jungen am Abend den Strand. Hinter ihnen ging die Sonne glutrot am Horizont unter. Die drei Freunde verabredeten sich für den nächsten Tag direkt an der Steilküste.

Als Justus auf dem Schrottplatz eintraf, hatte Tante Mathilda bereits das Abendbrot weggeräumt. »Da bist du ja endlich, Justus. Ich dachte schon, ihr übernachtet am Strand. Setz dich, ich hab noch gebratene Hähnchenschenkel im Kühlschrank.«

Auch Onkel Titus hatte es sich mit einem Buch auf der Veranda gemütlich gemacht. »Und? Hat die Surfbrettkonstruktion an Peters Fahrrad gehalten?«

»Ja, das funktioniert ganz prima. Vielleicht hättest du doch Erfinder werden sollen, Onkel Titus.«

»Wieso? Ich *bin* doch Erfinder. Kein Tag vergeht, an dem ich nicht eine neue Idee habe. Was hältst du zum Beispiel von einem Buch, das automatisch die Seiten umblättert? Das könnte ich locker aus einer alten Nähmaschine bauen.«

»Nicht schlecht. Aber ich glaube kaum, dass jemand so ein riesiges Ding beim Lesen mit sich herumschleppen will.«

»Na schön, da hast du recht. Es ist ja auch schon reichlich spät für geniale Erfindungen. Ich werde jetzt ins Bett gehen. Morgen früh will ich nämlich bei der Surfmeisterschaft dabei sein.«

Jetzt kam Tante Mathilda aus der Küche und stellte Justus einen Teller mit Hähnchenschenkeln auf den Tisch. »Und du, Justus, tust gut daran, wenn du auch nicht mehr so lange wach bleibst. Guten Appetit und gute Nacht.«

»Gute Nacht«, rief Justus seiner Tante und seinem Onkel mit vollem Mund hinterher.

Mittlerweile standen schon die ersten Sterne am Himmel, und der Schrottplatz wurde vom hellen Mond in ein silberfarbenes Licht getaucht. Lange noch dachte Justus an die Ereignisse des Tages: an die Surfmeisterschaft und die beiden Diebstähle. Dann fielen ihm beinahe im Sitzen die Augen zu, und er ging ins Bett.

Wellenreiter

Am nächsten Morgen wurde Justus sehr früh von Tante Mathilda geweckt. »Aufstehen, du Schlafmütze! Ich dachte, du wolltest rechtzeitig zum Strand?«

Verschlafen rieb Justus sich die Augen und rief dann erschrocken: »Was? Schon so spät? Ich muss sofort los! Peter und Bob warten schon.« Er sprang aus dem Bett und polterte die Treppe nach unten.

»Justus, was ist mit deinem Frühstück?«, rief ihm Tante Mathilda hinterher.

»Ich nehme mir eine Hähnchenkeule aus dem Kühlschrank. Die esse ich dann auf dem Fahrrad.«

»Was? Hähnchenkeule zum Frühstück? Du wirst dir noch den Magen verderben.«

Die letzten Worte von Tante Mathilda hörte Justus nicht mehr, denn er saß schon längst auf dem Rad. Völlig verschwitzt erreichte er

wenig später den Parkplatz vor der Steilküste. Ungeduldig warteten hier schon seine beiden Freunde.

»Mann! Wir dachten schon, du machst einen Dauerschlaf«, schimpfte Peter. »Gleich beginnt mein erster Durchgang. Die Jury kennt kein Erbarmen. Wer nicht rechtzeitig am Start ist, wird disqualifiziert. Ende, Schluss, Aus.« Justus warf die abgenagte Hähnchenkeule in einen Mülleimer. »Ist ja gut, ich bin ja schon da.«

Eilig rannten die drei ??? die Treppenstufen nach unten zum Strand. Hier war noch mehr los als am Vortag. Überall standen Menschen und blickten mit Ferngläsern aufs Wasser. Die ersten Surfer waren bereits unterwegs. Am Rand der Steilküste stand ein Fotograf auf einem großen Felsen und baute seine Kamera auf einem Stativ auf. Auch Mike Fuller war wieder da und moderierte das Ereignis mit dem Megafon.

»Meine Damen und Herren! Willkommen zu den diesjährigen Surfmeisterschaften von Rocky Beach. Wind und Brandung sind optimal. Ich wünsche allen Teilnehmerinnen und Teilnehmern viel Spaß, Erfolg und einen fantastischen Ritt durch die Wellen. Auf dass der Beste gewinnt.« Die Menge applaudierte, und Fuller schoss als Startzeichen wieder eine Seenotrettungsrakete in die Luft.

Hastig warf Peter sein Surfbrett in den Sand. »Mist, gleich bin ich dran. Hoffentlich schaffe ich es noch, mein Brett einzuwachsen.« Eilig holte er aus seinem Rucksack einen kleinen runden Wachsblock und strich damit kräftig über die Oberseite seines Surfbretts. Das Wachs machte die glatte Fläche griffig, sodass man mit den Füßen nicht so leicht abrutschte. Plötzlich stand Skinny Norris neben ihm, und eine Ladung Sand flog über das frisch eingewachste Brett. »Das wird dir nicht viel nützen, Langer«, spottete er. »Da kannst du wachsen, so viel du willst. Denn diesmal gewinne *ich* die Meisterschaft. Ich hab ein paar Sprünge trainiert, da legst du die Ohren an. Kannst dich schon mal von deinem geliebten Pokal verabschieden. Darum heißt der nämlich *Wander*pokal. Der wandert diesmal brav von dir zu mir. Ich hab schon einen schönen Platz für ihn in meinem Zimmer ausgesucht.«

Peter stellte sich direkt vor Skinny Norris und schnappte wütend nach Luft. »Ach, dann musstest du ja deine ganzen Puppen wegräumen.« Das war zu viel für den Erzfeind der drei ???. Wütend ballte er die Faust und holte zum Schlag aus. Gerade noch rechtzeitig ging Mike Fuller dazwischen. »He! Was ist denn hier los? Bei der Surfmeisterschaft wird mit fairen Mitteln gekämpft. Wenn ihr euch nicht benehmt, werdet ihr auf der Stelle disqualifiziert. Und zwar alle beide. Habt ihr mich verstanden?«

Mit hängenden Schultern zog Skinny Norris davon. »Ja, ja, hab verstanden. Aber der da hat angefangen.« Peter schnappte nach Luft. »Was? Der kann was erleben.« Doch Justus hielt ihn zurück. »Hör auf, Peter«, flüsterte er eindringlich. »Das ist doch genau das, was Skinny will. Der lacht sich tot, wenn du aus dem Rennen fliegst.«

»Schon gut. Aber der soll mir bloß nicht zu nahe kommen.«

Mike Fuller hatte in der Zwischenzeit wieder das Megafon in der Hand. »So, jetzt beginnt der erste Lauf in der Jugendklasse. Ich darf alle Teilnehmerinnen und Teilnehmer an den Start bitten. Die Regeln sind bekannt: Ihr habt zwanzig Minuten Zeit, so viele Wellen zu reiten, wie ihr könnt. Je actionreicher ihr fahrt, desto mehr Punkte gibt's. Und denkt an die Vorfahrtsregeln! Ich will keine Verletzten sehen.« Dann gab er mit einer Trillerpfeife das Startsignal. Justus und Bob feuerten ihren Freund an. »Los, Peter! Zeig, was du kannst.«

Mit riesigen Schritten stürzte sich Peter mit seinem Brett ins Wasser. Dicht hinter ihm folgte Skinny Norris. Doch es kam bei dem Wettkampf nicht auf Schnelligkeit an. Peter legte sich jetzt auf sein Brett und begann, mit den Armen zu paddeln. Das war das Anstrengendste beim Surfen. Schon bald hatte er die Zone erreicht, in der sich die Wellen brachen. Überall schäumte und brodelte es. Dieser Bereich wurde von den Surfern das *Weißwasser* genannt. Doch jetzt rauschten die ersten großen Brecher auf Peter zu. Erst im letzten Moment rollte er sich von seinem Brett ab und tauchte unter der Welle hindurch. Sofort schob er sich anschließend wieder auf das Brett. Skinny Norris lag einige Meter hinter ihm. Er verschluckte sich an dem salzigen Wasser und hustete fürchterlich. Nach drei weiteren Wellen hatte Peter die Zone der brechenden Wellen überwunden. Diese Zone nannte man *Line-up*. Jetzt hieß es abwarten und sich für die richtige Welle entscheiden. Peter setzte sich breitbeinig auf sein Brett und beobachtete den Horizont. Die Wahl der perfekten Welle entschied über Sieg oder Niederlage.

Inzwischen hatten auch die anderen Teilnehmer die *Line-up* Zone erreicht. Insgesamt warteten sechs Surfer auf die optimale Welle.

Minutenlang hob und senkte sich das Brett unter Peter. Dann endlich hatte er seine Welle ausgemacht. Wie ein großer Berg rollte sie auf ihn zu. Nun musste man genau den richtigen Moment abpassen, um auf der Welle zu reiten. Paddelte man nämlich zu früh los, konnte man von der brechenden Welle überrollt werden. War man zu spät, schob sie sich einfach unter einem hinweg. Peter hatte die optimale Startposition und legte sich flach auf das Brett. Mit kräftigen Kraulzügen schob er sich an.

Doch plötzlich wurde er von hinten am Bein gepackt und festgehalten. Es war Skinny Norris.

»He, Langer! Vergiss es! Das ist meine Welle. Und jetzt mach Platz!« Skinny drückte das Brett von Peter unter Wasser, bis dieser abrutschte. »Aufgepasst! Jetzt kommt Skinny Norris! Die beste Welle für den besten Surfer.« Mit einem lauten Grollen brach sich hinter ihm die riesige Welle und schob ihn kraftvoll nach vorn. Dann drückte er sich hoch und versuchte, auf dem Brett zu stehen. »Alle weg da! Jetzt kommt der *König der Wellen*!«, brüllte er so laut, dass man es bis ans Ufer hören konnte.

Doch Skinny Norris fand nicht den richtigen Halt auf seinem Brett. Nach wenigen Metern kam er aus dem Gleichgewicht und klatschte mit einem lauten Schrei in die brodelnden Wassermassen. »Mist! Verdammter Mist! Die Welle war ...« Seine letzten Worte verschlang das Wasser. Nur noch sein leeres Brett tanzte auf den Wellen. Wenig später tauchte Skinny wieder auf. »He! Wo ist mein Brett?« Er hatte vergessen, die *Leash*, also die lange Leine, an seinem Fußgelenk zu sichern. Jetzt raste sein Surfbrett ohne ihn auf das Ufer zu. Skinny blieb nichts anderes übrig, als fluchend hinterherzuschwimmen.

Peter hatte in der Zwischenzeit eine weitere gute Welle ausgemacht. Konzentriert legte er sich auf sein Brett und begann, kräftig zu paddeln. Diesmal wurde er von niemandem festgehalten. Er fühlte, wie ihn die Welle hochhob. Noch ein kräftiger Paddelschlag mit den Armen und er war genau an der richtigen Stelle. Die Welle war über zwei Meter hoch, und Peter schoss nach unten ins Wellental. Sofort stand er auf und balancierte sich aus. Immer schneller wurde er vorangetrieben. Genau hinter ihm brach die Welle, und für einen Moment sah es so aus, als würden ihn die Wassermassen verschlucken. Doch dann schoss er in geduckter Haltung wie aus einer Röhre wieder heraus.

Seine beiden Freunde an Land waren begeistert. »Peter, das ist deine Welle!«, brüllte Bob und klatschte in die Hände. Auch die anderen Zuschauer hatten den waghalsigen Ritt beobachtet. An einem langen Plastiktisch saßen die drei Punktrichter und blickten mit Ferngläsern konzentriert aufs Wasser. Dann machten sie sich Aufzeichnungen. Kurz bevor Peter auf dem Brett die Strandzone erreichte, sprang er mit einem gekonnten Sprung ab und startete erneut. Insgesamt schaffte er in den zwanzig Minuten sechs große Wellen und kam schließlich erschöpft aus dem Wasser.

Höhlenforscher

Bob klopfte seinem Freund auf die Schulter. »Den Pokal hast du in der Tasche. Die anderen waren nicht schlecht, aber du warst eindeutig der Beste.« Peter schüttelte seine nassen Haare. »Abwarten. Heute Nachmittag startet der zweite Lauf, und Skinny Norris wurde am Ende immer besser.«

Der Fotograf hatte seine Position auf dem Felsen verlassen und kam mit einer kleineren Kamera zu den drei ??? herüber. »Ich muss schon sagen, gar nicht schlecht. Ich arbeite für eines der größten Surfmagazine und habe schon vieles gesehen. Aber du hast was drauf, Junge. Darf ich ein Foto von dir machen für die nächste Ausgabe?« Peter wurde rot. »Äh, ja gern. Aber dann muss mein Team auch mit aufs Bild. Wir arbeiten nämlich zusammen.«

»Kein Problem, Jungs. Dann bitte schön lächeln und das Surfbrett in die Kamera halten.

Cool, da sind ja drei Fragezeichen drauf. Und *cheese*!«

Anschließend überreichte der Fotograf ihnen seine Visitenkarte. »Hier, bitte schön. Mein Name ist Ed Baker. Die Bilder von der Rocky Beach Surfmeisterschaft erscheinen in der nächsten Ausgabe. Viel Erfolg noch!«

Als der Fotograf weg war, klatschte Bob in die Hände. »Cool! Peter, du kommst in ein Surfmagazin. Jetzt musst du einfach gewinnen.«

In diesem Moment hörten sie aus der Ferne Ed Baker fluchen. Er stand auf dem Felsen, wo er noch zuvor seine Kameras aufgebaut hatte. »Schweinerei! Wer hat meine Sachen geklaut? Wo ist die Polizei, wenn man sie braucht?«

»Oh nein! Der geheimnisvolle Stranddieb hat wieder zugeschlagen«, rief Justus. »Los! Wir müssen zu Mr Baker.«

Mittlerweile hatte sich schon eine Traube von Menschen um Ed Baker gebildet. Wütend lief der Mann auf und ab. »Das ist mir noch nie pas-

siert. Seit Jahren bin ich an allen Stränden der Welt. Unter Surfern klaut man nichts. Und nun das. Hat denn niemand etwas gesehen?«

Justus ging direkt auf ihn zu. »Sind Sie sicher, dass alles gestohlen wurde? Vielleicht haben Sie Ihre Ausrüstung irgendwo anders hingelegt.«

»Natürlich bin ich mir sicher. Ich weiß doch, wo meine Kameras, die Tasche und das Stativ sind. Wisst ihr, was das zusammen für einen Wert hat? Allein das große Teleobjektiv kostet mehrere tausend Dollar. Ich muss sofort zur Polizei.« Wütend rannte Ed Baker davon.

Allmählich löste sich die Menschentraube wieder auf, und alle sahen sich den nächsten Wettkampf an. Bob betrachtete den Felsen. »Unglaublich, dass der Dieb unter so vielen Leuten zugeschlagen hat. Jeder hätte ihn beobachten können.« Justus nickte. »Ja, aber das ist der Trick von Profi-Dieben. Viele üben ihre Straftaten inmitten vieler Menschen aus. Eine Sache verstehe ich allerdings nicht: Der Dieb hat eine Tasche, die Kamera und das große Stativ geklaut. Wie konnte er mit all den Sachen unbemerkt über den Strand wandern? So etwas steckt man sich nicht so einfach in die Badehose.«

»Stimmt«, fuhr Peter fort. »Das passt nicht zusammen. Es ist jetzt schon der dritte Diebstahl.«

»Und ich wette, es war nicht der letzte«, murmelte Justus und knetete seine Unterlippe.

Bob suchte in der Zwischenzeit das Gebüsch hinter dem großen Felsen ab. »Hier ist nichts zu sehen. Und weiter geht es hier nicht. Ich kann mir kaum vorstellen, dass jemand mit so viel Gepäck die Steilküste hochklettert. Da kommt nicht mal ein Bergsteiger rauf.« Doch dann schien er etwas entdeckt zu haben. »Wartet! Hier liegt was im Sand. Es sieht aus wie so eine kleine Plastikkappe, die man sich vor die Kamera klickt, um das Objektiv zu schützen.« Peter nahm ihm das runde Teil aus der Hand. »Du hast recht. Das stammt tatsächlich von einer Kamera.« Justus knetete weiter seine Unterlippe. »Lasst uns nachdenken. Der Dieb hat die Sachen geschnappt und kann sich nicht in Luft aufgelöst haben. Es gibt aber nur eine Möglichkeit, den Strand zu verlassen: Und das ist der Weg über die Treppe. Die Steilküste kann man mit der gestohlenen Ausrüstung nicht hochklettern. Aber warum liegt hier diese Kappe? Der Dieb muss also dennoch in diese Richtung gegangen sein.«

»Vielleicht hat er die Sachen vergraben?«, überlegte Bob.

»Nein, das glaube ich nicht. Der Boden hier ist steinhart. Erst weiter unten am Strand wird es sandig. Da müsste man sehr lange mit einer Schaufel buddeln. Außerdem würde man Spuren sehen. Wir müssen uns noch genauer umsehen.«

Die drei ??? teilten sich auf und schritten die untere Kante der Steilküste ab. Weiter entfernt gab Mike Fuller gerade das Startzeichen für die nächste Gruppe. Bob nahm einen langen Stock und schlug damit die Büsche und kleinen Sträucher beiseite. Plötzlich machte er wieder eine Entdeckung. »He! Kommt mal her. Hier ist ein schmaler Spalt zwischen den Felsen.« Sofort liefen seine beiden Freunde zu ihm. Jetzt nahm Justus einen zweiten Stock, und gemeinsam schoben sie den Busch ganz beiseite. »Das ist nicht nur ein Spalt, das sieht aus wie der Eingang zu einer Höhle. Auf jeden Fall könnte man dort eine Fotoausrüstung verstecken.« Vorsichtig blickte er in den Spalt.

»Und? Kannst du was erkennen?«, rief Peter hinter ihm.

»Es ist ganz dunkel. Schade, dass wir unsere Taschenlampen nicht dabeihaben. Ich brauche einen längeren Stock.«

»Hier, Just. Ist der lang genug?« Peter reichte ihm ein langes, dünnes Holz.

Langsam schob Justus den Stock weit in den Spalt hinein. »Unglaublich, der stößt nirgends an. Es muss dort sehr tief reingehen. Der Spalt ist breiter, als ich dachte. Da passen wir locker durch.«

Peter konnte kaum glauben, was er da hörte. »Moment!? Du willst doch wohl nicht, dass wir da reinkrabbeln?«

»Warum nicht? Es werden in der Höhle schon

keine wilden Bären wohnen.« Justus' letzte Worte konnte man kaum noch verstehen, denn er war schon im Loch verschwunden.

Peter tippte sich an die Stirn. »Der Irre hat sich da tatsächlich reingequetscht. Bob, was machen wir jetzt?«

»Na, was wohl? Wir quetschen uns hinterher.«

Wieder einmal blieb Peter nichts anderes übrig, als seinen beiden Freunden zu folgen. »Ei-

gentlich sind wir doch zum Surfen hier«, murrte er. Vorsichtig schob er den Busch beiseite und stand jetzt auch direkt vor dem Felsspalt. Justus und Bob waren nicht mehr zu sehen. Also holte er entschlossen Luft und steckte seinen Kopf in das Loch. »Komm rein!«, lachte Bob. »Ist ganz gemütlich hier drin. Fast so viel Platz wie in der Kaffeekanne.«

Peter krabbelte nun ganz in die Höhle. Nur langsam gewöhnten sich seine Augen an die Dunkelheit. Doch schon nach kurzer Zeit konnte er alles gut erkennen. Der Felsspalt öffnete sich zu einem größeren Raum. Ringsum sah man auf glatte Felsen. »Und? Liegt hier die Ausrüstung von Ed Baker?«

Justus schüttelte den Kopf. »Das nicht. Aber wir haben etwas viel Besseres gefunden. Schau mal nach oben.«

Peter schluckte. »Nach oben? Was soll das heißen? Wehe, da hängen Fledermäuse an der Decke.« Doch dann war er doch neugierig und legte seinen Kopf in den Nacken. »He! Nicht schlecht. Da führt eine rostige Eisenleiter hinauf.« Bob setzte sogleich seinen Fuß auf die erste Stufe. »Wir haben doch gesagt, dass wir was Cooles entdeckt haben. Los!«

Es war eigentlich keine richtige Leiter. Vielmehr hatte jemand lauter Eisenhaken in den Fels geschlagen. Sie führten senkrecht nach oben. Bob zog sich weiter empor. »Die Haken sind bombenfest. Kann also nichts passieren.«

Stufe um Stufe stiegen die drei ??? die Leiter hinauf. Es war kühl, dunkel und roch nach totem Fisch. Erst ganz oben entdeckte Bob ein schwaches Licht. »Es kann sein, dass es da wieder rausgeht.« Jetzt sah es auch Justus. »Das geht garantiert dort raus. Sonst hätte sich doch niemand die Mühe gemacht und die Eisenhaken hier eingeschlagen. Vielleicht waren es Fischer. Es ist auf jeden Fall der schnellste und unauffälligste Weg nach oben an die Steilküste.«

Die drei ??? sollten mit ihrer Vermutung recht

behalten, denn einige Stufen weiter stand Bob direkt unter einem großen Loch. Gleißendes Licht fiel von oben in den Schacht. Langsam schob er den Kopf durch den Ausgang. Von unten rief Peter: »Und? Wo sind wir gelandet?« Bob kletterte raus. »Kommt hoch und seht euch das an!«

Sabotage!

Wenig später standen alle drei hoch oben am Rand der Steilküste inmitten eines dichten Gebüsches. Der warme Wind wehte ihnen um die Nase, und sie hatten einen fantastischen Ausblick über die Bucht. Weiter rechts war der große Parkplatz. Peter schüttelte sich den Dreck vom T-Shirt. »Bin ich froh, dass wir wieder draußen sind. Der Felsspalt hat uns direkt durch die Steilküste geführt.« Justus warf noch einmal einen Blick in das dunkle Loch unter ihnen. »Wahrscheinlich ist der Tunnelgang vor langer Zeit vom Wasser ausgespült worden.«

Jetzt erst sahen sie, dass das Loch von einem rostigen Zaun umrandet war. Auf einem Schild stand: *Achtung! Nicht betreten!* Peter atmete geräuschvoll aus. »So ein Schild hätten die auch unten anbringen sollen. Ich bin froh, dass wir wieder raus sind.« Dann machten die drei ??? noch eine weitere Entdeckung: Auf dem Boden vor ihnen lagen mehrere Brieftaschen. Vorsichtig hob Bob eine auf. »Die ist leer.« Bei den anderen Geldbeuteln sah es genauso aus.

Justus' Augen leuchteten. »Wisst ihr, was das bedeutet? Jetzt wissen wir, wie der Stranddieb sich so leicht aus dem Staub machen konnte. Der steile Tunnel im Fels ist ein optimaler Fluchtweg. Hier ist er mit der Kameraausrüstung verschwunden. Und wie es aussieht, hat er noch viel mehr geklaut. Wahrscheinlich wissen die meisten Leute noch gar nicht, dass ihre Brieftasche verschwunden ist.« Bob ließ die Geldbörse fallen. »Den Tunnel haben wir gefunden. Jetzt fehlt uns nur noch der Dieb dazu.«

Plötzlich zuckte Peter zusammen. »Moment! Seht ihr das da unten? Die Surfer aus der anderen Altersgruppe sind fertig. Gleich bin ich wieder dran. Verdammt, wir haben überhaupt nicht auf die Uhr geschaut. Los, wir nehmen diesmal die Treppe. Das geht schneller, als wenn wir wieder durch das Loch krabbeln.«

Als die drei den Parkplatz erreichten, kam ihnen gerade Onkel Titus mit seinem alten Pickup entgegen. »Hallo, Jungs! Wo kommt ihr denn her? Ich dachte, ihr seid unten am Strand bei der Meisterschaft. Oder ist Peter schon ausgeschieden?« Justus schüttelte atemlos den Kopf. »Nein, aber wir müssen jetzt schnell wieder runter.« Onkel Titus rief den dreien hinterher. »Dann bis gleich. Ich hab übrigens auch eine Geschichte zu erzählen. Die Halsabschneider vom Parkplatz verlangen hier pro Auto *fünf* Dollar! Frechheit!«

Als die drei ??? die Treppe runterjagten, hörten sie schon die Stimme von Mike Fuller. »Letzter

Aufruf für den zweiten Lauf der Jugendklasse. In einer Minute wird gestartet. »Schneller!«, keuchte Peter. »Ich muss zu meinem Brett.« Er hatte sein Surfbrett direkt am Wasser abgelegt. Doch als er ankam, stand Skinny Norris grinsend daneben. »Schönes Brett, Langer. Aber was sollen die blöden Fragezeichen da drauf?« Peter schnappte sich sein Brett. »Das werde ich gerade dir auf die Nase binden.« Wieder war Mike Fuller zu hören. »Ich starte jetzt den finalen Lauf der Jugendmannschaft.« Sekunden später erklang seine Trillerpfeife. Nur noch die besten sechs waren im Rennen. Alle anderen waren bereits ausgeschieden.

Peter riss sich sein T-Shirt vom Leib, schnappte sein Brett und rannte, so schnell er konnte, ins Wasser. »Viel Glück!«, riefen ihm Justus und Bob hinterher.

Inzwischen hatte auch Onkel Titus den Strand erreicht. »Und, Just? Wie sieht es aus? Hat Peter den Pokal in der Tasche?«

»Leider noch nicht. Dieser Lauf entscheidet alles.« Gebannt starrten alle auf die Wellen. Skinny Norris hatte sich bereits in Position gebracht und lauerte auf eine gute Welle. Dann schoss er plötzlich nach vorn und hatte einen riesigen Brecher erwischt. Wie ein Pfeil jagte er vorwärts. Zweimal lenkte er sein Brett so über die Welle, dass er für einen kurzen Moment aus dem Wasser schoss. Argwöhnisch beobachtete Bob die Punktrichter am Tisch, die sich fleißig Notizen machten. »Mist, Skinny hat wirklich trainiert. Diesmal wird es für Peter nicht leicht werden.«

Jetzt hatte auch Peter eine gute Welle erwischt. Sie schien sogar noch größer zu sein als die von Skinny Norris. Direkt neben ihm brach sich die Welle, und immer wieder verschwand er in der blauen Röhre. Bob ballte die Faust. »Ja, so ist es gut! Krasser kann man die Welle nicht reiten. Wenn jetzt nichts schiefgeht, holt er den Pokal.«

Doch es ging etwas schief. Wie aus dem Nichts verlor Peter plötzlich das Gleichgewicht. Sein Brett rutschte unter ihm weg, und er klatschte in die tosende Welle.

»Peter!«, schrien Justus und Bob entsetzt auf. Im selben Moment rannten zwei kräftige Rettungsschwimmer ins Meer und kraulten auf Peter zu. In den Händen hielten sie rote Rettungsbojen. Schnell hatten sie den völlig erschöpften Peter aus dem Wasser gefischt und zogen ihn mitsamt seinem Surfboard an Land. Er hatte eine Menge Salzwasser geschluckt.

Justus und Bob liefen zu ihrem Freund ins Wasser. »Peter? Alles klar?«, rief Bob. »Was ist passiert?« Peter konnte mit Mühe wieder stehen und zog sein Brett zu sich. »Keine Ahnung«, prustete er. »Plötzlich drehte sich unter mir das Brett weg, und schon lag ich im Wasser.« Dann bedankte er sich bei den beiden Rettungsschwimmern und setzte sich erschöpft an den Strand. »So ein Mist. Die Meisterschaft ist gelaufen. Ich weiß gar nicht, was los war.«

Auch Onkel Titus stand jetzt neben ihm. Er war der Erste, der es entdeckte. »Nun seht euch das an! Die Finne an Peters Brett ist weg.« Die Finne war eine Art Flosse aus Plastik, die am hinteren Teil des Surfbretts angebracht war. Sie diente dazu, dass das Brett stabil die Fahrtrichtung behielt. Ohne Finne war es unmöglich, ein Surfbrett zu lenken.

Peter konnte es kaum glauben. »*Waaas?* Tatsächlich. Aber das ist unmöglich. Die Finne ist fest am Brett angeschraubt. Die kann nicht einfach abfallen. Kein Wunder, dass ich ins Wasser geklatscht bin.«

Justus sah, wie Skinny Norris grinsend aus dem Wasser kam. Der Wettkampf war beendet. »Moment mal, Peter: Stand Skinny nicht vorhin direkt neben deinem Surfbrett?« Jetzt ahnte auch Bob, woran Justus dachte. »Na klar! Ich wette, der hat heimlich die Schrauben der Finne

gelockert. So eine Schweinerei. Der kann was erleben.« Doch Justus hielt ihn zurück. »Warte, Bob! Wir haben überhaupt keine Beweise. Der wird uns nur auslachen. Wir brauchen einen Plan.«

Auch Onkel Titus war entsetzt. »Wenn das stimmt, dann gehört der Junge schon fast ins Gefängnis. Früher hat es bei unseren Surfmeisterschaften so was nicht gegeben. Aber Justus hat recht: Man muss für eine Beschuldigung Beweise haben. Kommt mit! Ich gebe auf den Schrecken erst mal eine Cola an der Strandbar aus.« Peter schlotterten immer noch die Knie. »Ich hab fast keine Luft mehr bekommen unter Wasser. Das war's für mich mit dem Surfen.«

Seltsame Gäste

An der Strandbar wurden sie von Lenny begrüßt. »Mann, das sah eben richtig übel aus. Wie konnte das passieren?« Peter zeigte ihm sein Surfbrett. »Hier, die Schrauben an der Finne sind rausgefallen. Das Ding schwimmt jetzt irgendwo im Meer.« Lenny konnte das kaum glauben. »Was? Die Schrauben sind von allein abgefallen? Das ist unmöglich. Und glaubt mir, ich muss das wissen. Ich bin jahrelang dabei gewesen, bis eines Tages ...« Er schwieg. »Was soll's, Jungs. Hauptsache, es ist nichts passiert. Der Pokal ist nicht so wichtig.«

»Richtig so«, stimmte Onkel Titus ihm zu. »Gesundheit ist das Wichtigste. Für die drei bitte eine Cola und für mich einen starken Kaffee. Den brauche ich jetzt.«

Justus' Blick fiel auf Lennys rechte Hand. »Der Verband ist schon ab?«

»Ja, das hat wie verrückt gejuckt, und in der

Sonne verheilt so eine Schnittwunde am besten.« Als Lenny die Cola auf den Tresen stellte, konnten die drei ??? sehen, dass er noch alle fünf Finger besaß. Sie waren froh, dass der ehemalige Surflehrer aus dem Kreis der Verdächtigen ausschied.

Neben Onkel Titus hatte derweil ein hagerer Mann auf einem der Barhocker Platz genommen. »Mann, ist das eine Hitze«, stöhnte er. »Wenn ich ein paar Jahre jünger wäre, dann hätte ich auch an der Meisterschaft teilgenommen – allein schon, um mich im Wasser abzukühlen.« Onkel Titus grinste. »Ja, ja, leider wird man nicht jünger mit den Jahren. Wem sagen Sie das.« Der Mann lächelte freundlich zurück. »Dann muss ich mich eben von innen kühlen. Ein kaltes Bier, bitte.« Lenny öffnete den Kühlschrank. »Kommt sofort.«

In diesem Moment verlas Mike Fuller die Ergebnisse des letzten Laufs laut durchs Megafon. Bob stieß Peter in die Seite. »Achtung, jetzt wird's spannend.« Doch Peter schien sich schon mit seiner Niederlage abgefunden zu haben. »Ach, vergiss es. Die Meisterschaft kann ich für dieses Jahr abhaken.«

Alle hörten jetzt Mike Fuller zu. »Es war ein knappes Match zwischen zwei Teilnehmern. Im ersten Lauf lag Peter Shaw nach Punkten klar vorn. Im zweiten Lauf stürzte er vom Brett, und Skinny Norris holte mehr Punkte. Wenn man die Punkte aus beiden Läufen zusammenzählt, kommt ein erstaunliches Ergebnis heraus: Die beiden Teilnehmer haben exakt die gleiche Punktzahl. Das bedeutet, dass beide zum finalen Match noch einmal ins Wasser müssen. Es bleibt spannend.«

Peter stellte erschrocken seine Cola ab. »Was? Nein, auf gar keinen Fall! Für mich ist mit dem Surfen Schluss.« Bob konnte nicht glauben, was Peter sagte. »Du willst aufgeben und Skinny gewinnen lassen?«

»Ja, ich habe für heute genug Wasser geschluckt. Ich dachte, ich würde nie wieder aus den Wellen auftauchen. Soll Skinny sich den Pott ins Regal stellen. Außerdem habe ich keine Finne mehr am Brett.«

Jetzt mischte sich Lenny ein. »Also, mit der Finne kann ich dir aushelfen. Ich hab alles, was der Surfer braucht. Ersatzteile, Wachs und coole Klamotten.« Doch Peter verschränkte die Arme. »Nein, und dabei bleibt es. Vielleicht bin ich im nächsten Jahr wieder dabei.« Bob war fassungslos. »Peter, du bist tausendmal besser als Skinny. Es war ja nur die Sache mit der Finne.«

»*Nur* ist gut. Was meinst du, wie man sich fühlt, wenn das Brett plötzlich unter einem wegrutscht. Ich habe mich entschieden. Wenn man Angst hat, soll man nicht aufs Wasser.«

Einige Zeit sprach niemand ein Wort. Dann verließ Lenny plötzlich seine Strandbar und legte Peter die Hand auf die Schulter. »Okay, jetzt will ich dir einmal etwas über die Angst erzählen. Wie du weißt, ist durch meine Schuld vor einigen Jahren fast etwas viel Schrecklicheres passiert. Auch ich habe mir geschworen, dass ich niemals mehr surfen werde. Lange habe ich darüber nachgedacht, und heute bin ich zu einem Entschluss gekommen: Es war Unsinn aufzuhören. Ich habe meine Angst gewinnen lassen, anstatt sie zu bekämpfen. Heute ist der Tag, an dem ich noch einmal alles anders machen kann. Peter, ich mache dir einen Vorschlag: Wenn ich gleich ins Wasser gehe und mir eine coole Welle aussuche, bist du dann dabei?«

Peter sah Lenny mit großen Augen an. »Sie wollen tatsächlich nach so vielen Jahren wieder surfen?«

»Wenn ich es dir sage.« Lenny zog unter der Bar ein verstaubtes Surfbrett hervor. »Also, was ist? Gib mir die Hand, und wir zeigen es diesem Skinny.« Peter holte Luft. Dann reichte er Lenny die Hand. »Okay, ich bin dabei.« Bob ballte die Faust. »Ja! Wir sind wieder im Rennen.«

Schnell hatte Lenny eine neue Finne an Peters Surfbrett geschraubt. Im selben Moment kam Skinny Norris breit grinsend an den Tresen. »Na, hat hier einer die Hosen voll? Den Pokal hab ich schon in der Tasche. Apropos Hose: Für meinen

Sieg brauche ich noch ein cooles Outfit. Lenny, was ist mit der knallgelben Surferhose dahinten. Ist die zu verkaufen?« Mürrisch reichte ihm Lenny die Hose. »Macht neunzehn Dollar neunzig.« Lässig warf Skinny einen Zwanzigdollarschein auf den Tresen. »Stimmt so.«

Doch als Skinny sich umdrehte, stand plötzlich Onkel Titus auf und rempelte den Jungen an. »He, passen Sie doch auf! Jetzt ist mir meine neue Hose runtergefallen. Keine Augen im Kopf, oder was?«, schimpfte Skinny. Onkel Titus entschuldigte sich und hob sofort die Hose auf. Dabei drehte er sich allerdings für einen kurzen Moment um und drehte Skinny den Rücken zu. »Hier, bitte. War keine Absicht.«

Wieder meldete sich Mike Fuller durchs Megafon. »So, meine Damen und Herren. Jetzt wird es spannend. Ein Kopf-an-Kopf-Rennen. Ich darf Skinny Norris und Peter Shaw an den Start bitten.«

Finale

Ed Baker hatte sich inzwischen eine neue Kamera besorgt und stand direkt am Ufer. Als er Lenny mit dem Brett unter dem Arm ins Wasser steigen sah, blieb ihm der Mund offen vor Staunen. »Ich fasse es nicht. Leonard Lenny Malcom steigt wieder auf ein Brett. Die Surflegende! Und ich bin dabei. He, Lenny! Bitte lächeln Sie für ein Foto! Damit bringe ich Sie auf die Titelseite.«

Lenny hielt sein Wort und zeigte vor den vielen Zuschauern sein Können in den Wellen. Er hatte in all den Jahren nichts verlernt. Alle klatschten begeistert, und Ed Baker schoss ein Bild nach dem anderen.

Als Lenny schließlich aus dem Wasser kam, klopfte er Peter bei der Strandbar auf die Schulter. »So, jetzt bist du dran.«

Auch Onkel Titus war begeistert. »Ich bin froh, dass ich dabei bin. Bitte zahlen. Drei Cola

und einen Kaffee.« Doch plötzlich wurde er kreidebleich. »Meine Brieftasche ist weg! Ich hab sie doch auf den Tresen gelegt. Das darf nicht wahr sein! Meine Einnahmen vom Schrottplatz waren darin. Ich habe alle Kühlschränke verkauft.«

Justus sprang vom Barhocker. »Ist dir die Brieftasche vielleicht runtergefallen?«

»Nein, da liegt nichts. Das hätte ich doch gemerkt. Gerade hab ich mich noch mit dem Herrn neben mir unterhalten und jetzt …« Justus unterbrach ihn. »Wo ist denn dieser Herr? Wie von Geisterhand verschwunden.«

Lenny mischte sich ein. »Der Mann war gestern auch schon den ganzen Tag bei mir an der Bar. Der hat alle Leute vollgequatscht und ihnen sein Leben erzählt. Die Geschichte mit dem abgebissenen Finger kann ich mittlerweile schon auswendig. Ein Hai soll es gewesen sein, aber daran glaube ich nicht.«

Justus stockte der Atem. »Dem Mann fehlte ein Finger?«

»Ja, an der rechten Hand.«

»Das ist unser Mann. Der ist garantiert gerade dabei, durch den Felsentunnel zu flüchten und seine Beute in Sicherheit zu bringen. Los, Bob! Wir müssen hinterher.«

Auch Peter stand auf. »Wartet! Ich bin dabei.« Doch Justus schüttelte den Kopf. »Nein, du gewinnst jetzt die Meisterschaft. Um den Stranddieb kümmern wir uns. Lenny, rufen Sie bitte die Polizei. Kommissar Reynolds soll zum Parkplatz kommen.«

Lenny sah Justus mit großen Augen an. »Ja, aber ...«

»Ich erkläre Ihnen das später.«

Onkel Titus verstand die Welt nicht mehr. »Moment? Die Polizei? Justus! Bob! Wo wollt ihr hin?« Doch die beiden hörten ihn nicht mehr.

»Schnell, Bob!«, keuchte Justus. »Wir laufen die Treppe hoch. Wenn wir Glück haben, sehen wir den Strandräuber, wie er aus dem Felsentunnel kommt.« Sie hatten Glück. Denn gerade, als sie den Parkplatz erreichten, sahen sie den hageren Mann aus dem Loch klettern. »Los!«, zischte Justus. »Wir verstecken uns hinter dem Wohnwagen. Die Alte hat ihren Laden schon zugemacht.« Eilig rannten sie zu dem Wagen und spähten vorsichtig um die Ecke.

»Mist«, zischte Bob. »Der Typ kommt direkt auf uns zu. Verdammt! Der will genau hierher zum Wohnwagen.«

Der Mann sah sich immer wieder um und blieb dann tatsächlich vor der Tür des Wohnwagens stehen. Justus und Bob versteckten sich auf der anderen Seite.

»Schnell, Elisa! Mach auf! Ich hab wieder fette Beute gemacht.« Man hörte, wie sich die Tür öffnete. »Sehr gut, John. Die Surfmeisterschaft hat sich für uns gelohnt.«

»Ja, aber jetzt sollten wir Schluss machen. Irgendwie habe ich das Gefühl, dass wir auffliegen könnten. Da waren drei Jungs, die gefielen mir gar nicht. Ich kenne die Sorte. Stecken ihre Nasen in alle Dinge.«

»Okay, John. Komm rein. Wir machen alles startklar, und dann nichts wie weg.«

Bob raufte sich hinter dem Wohnwagen die Haare. »Oh nein, die wollen verschwinden. Wo bleibt nur Kommissar Reynolds? Just, hast du eine Idee?«

Sein Freund knetete seine Unterlippe. Dann rannte er plötzlich los und kam mit einem langen Abschleppseil wieder. »Das lag bei Onkel Titus auf der Ladefläche vom Pick-up. Los, das wickeln wir um den Wohnwagen, sodass die beiden Diebe die Tür nicht mehr aufbekommen.«

Gerade noch rechtzeitig wurden sie damit fertig, denn von innen wurde jetzt heftig an der Tür gerüttelt. »He, was soll das? Aufmachen! Sofort aufmachen!«, rief Elisa Wood. Drei Minuten später kam ein Polizeiwagen mit Blaulicht angefahren, und Kommissar Reynolds stieg aus. »Hallo, Jungs. Was ist denn hier los?«

Justus zeigte auf den Wohnwagen. »In dem Wagen ist ein Geschenk für Sie. Aber Vorsicht beim Auspacken.« Bob lachte. »Wir haben sogar eine schöne Schleife drumgebunden.«

»Ja ... aber ... Jungs, was soll das?«

Doch Justus und Bob hatten jetzt keine Zeit für weitere Erklärungen. Sie rannten die Treppe hinunter und trafen gerade noch rechtzeitig wieder am Strand ein. Lenny winkte sie zu sich und deutete aufgeregt aufs Wasser. »Da seid ihr ja. Der Wettkampf ist total spannend. Beide Wellenreiter haben immer noch die gleiche Punktzahl. Da! Jetzt reiten sie gleichzeitig ein und dieselbe Welle.«

Nur wenige Meter trennten Skinny Norris und Peter. Doch plötzlich schien bei ihrem Erzfeind irgendetwas nicht zu stimmen. Beunruhigt blickte Skinny Norris immer wieder nach unten statt geradeaus. Auf einmal rutschte seine neue knallgelbe Hose runter, und er versuchte verzweifelt, sie wieder hochzuziehen. Dabei kam er aus dem Gleichgewicht, kippte zur Seite und klatschte ins Wasser. Sofort meldete sich Mike Fuller. »Damit ist der Kampf entschieden. Wieder geht der Meisterschaftspokal an Peter Shaw. Meinen Glückwunsch.« Alle am Strand applaudierten. Nur Skinny Norris schwamm rot vor Zorn im Wasser und tauchte nach seiner Hose.

Dann wurde Peter umringt von seinen Freunden, Lenny und Onkel Titus. »Gut gemacht!«, strahlte Bob und ballte die Faust. »Ja, danke schön«, freute sich Peter. »Aber ich frage mich, warum Skinny plötzlich die Hose gerutscht ist.« Da meldete sich Onkel Titus zu Wort und zog

P
PARKING
1h 1$

für einen kurzen Moment sein altes Taschenmesser aus der Tasche. »Tja, manchmal muss man dem Glück etwas nachhelfen – hehe. Auch wenn man dafür die Kordel an einer Hose anschneiden muss.« Alle verstanden sofort, was Onkel Titus an der Bar mit dem Taschenmesser gemacht hatte, und mussten so laut lachen, dass man kaum noch etwas von der lauten Meeresbrandung im Hintergrund hörte.

Insel der Haie

Inselwächter

»Eine richtige Pirateninsel? Und wir sollen sie bewachen?« Bob Andrews riss staunend die Augen auf. »Ist das dein Ernst, Peter?«

Peter Shaw nickte. Die drei ??? befanden sich direkt vor Tante Mathildas Küchentür auf der Veranda. Gerade hatten sie einen der berühmten Kirschkuchen von Justus' Tante bis auf den letzten Krümel verzehrt, als Peter einen Anruf von seinem Vater erhalten hatte.

»Ja! Es ist natürlich keine echte Pirateninsel. Aber der Film, an dem mein Vater mitarbeitet, ist auf alle Fälle ein echter Piratenfilm.«

Justus Jonas, der Anführer der drei ???, sprang aufgeregt auf. Es war zwar schon öfter vorgekommen, dass die drei ??? durch Peters Vater, der als Spezialist für Spezialeffekte beim Film arbeitete, spannende Dinge zu sehen bekommen hatten, aber eine Pirateninsel zu bewachen, das hatte es noch nie gegeben!

»Freunde«, rief Justus begeistert, »vielleicht bekommen wir am Ende noch eigene Rollen in dem Streifen? Peter, zum Beispiel, würde bestimmt ein prima Skelett abgeben. Er wird immer dünner!« Justus, dessen eigene Gestalt eher als stämmig zu bezeichnen war, zog seinen Bauch ein, so tief er nur konnte, sog dazu die Wangen nach innen, stellte sich mit baumelnden Armen auf die Zehenspitzen und kniff ein Auge zu. »Hallo!«, keuchte er mit hohler Stimme. »Ich bin Peter Shaw, der einäugige

Wächter von Shark Island. An mir kommt niemand vorbei, weder tot noch lebendig!«

»Haha«, grinste Peter, »gib dir keine Mühe, Just, so schlank und durchtrainiert wie ich wirst du nie aussehen!«

Bob kicherte. »Shark Island?«, fragte er dann. »Hai-Insel! Habe ich das richtig gehört?«

»Davon hat mein Vater nichts gesagt«, murmelte Peter. »Wie kommst du denn darauf, Just?«

Justus Jonas, der die Schauspielerei sehr liebte, verwandelte sich schlagartig wieder in einen zehnjährigen, vergnügten und wohlgenährten Jungen zurück. Er zuckte die Schultern. »Nach allem, was du eben über die Insel erzählt hast — ziemlich klein, übersichtlich, nicht allzu weit von der Küste entfernt —, kann es sich dabei eigentlich nur um die Insel von Pim Paul handeln, einem der berühmtesten Piraten Kaliforniens.«

»Woher weißt du denn das schon wieder?« Peter ließ sich auf die oberste Verandastufe fallen und hob fragend die Arme.

Jetzt bekam Justus glänzende Augen. »Woher ich das weiß? Peter, was für eine Frage! Natürlich habe ich darüber gelesen. Auch wenn ich zugeben muss, dass mir die Insel nicht persönlich bekannt ist. Man weiß nur, dass der Pirat auf einer angeblich kleinen Insel vor unserer Küste verschollen ist. Übrigens zusammen mit seinem Schiff, der *Aurora*. Wartet mal!«

Der Anführer der drei ??? lief zu einem der überdachten Verkaufstische, die neben dem Eingang des Schrottplatzes am Zaun angebracht waren, und wühlte dort eifrig zwischen einem Stapel alter Puppen und den Resten einer Spielzeug-Garage aus Plastik herum.

Der Schrottplatz gehörte seinem Onkel Titus. Bei diesem und seiner Tante lebte Justus, seit seine Eltern bei einem Unfall ums Leben gekommen waren. Und im Laufe der Jahre war das *Titus Jonas Gebrauchtwarencenter* in dem kleinen kalifornischen Küstenstädtchen Rocky Beach Justus' wahres, wirkliches und geliebtes Zuhause geworden.

»Hier ist es schon!«, rief er. Aus einem Stapel alter Magazine zog er triumphierend ein Heft hervor.

»Du kennst doch nicht etwa alle diese Zeitungen auswendig?«, fragte Bob verblüfft.

»Natürlich nicht. Das ist auch gar nicht notwendig. Denn wenn ich etwas gelesen habe, weiß ich immer, wo ich es wiederfinde«, gab Justus etwas hochnäsig zurück. »Das sind die Vorteile eines fotografischen Gedächtnisses. Über das ich selbstverständlich verfüge, falls ihr das noch nicht bemerkt haben solltet. Man braucht sich die Dinge dann nämlich nur ein Mal anzusehen, um sich ihrer in Zukunft gewissenhaft zu erinnern!«

»Und was steht da?«, unterbrach ihn Peter leicht gereizt, dem Justus' ewige Vorträge über seine kleinen grauen Zellen oder seine ganz spezielle und höchst besondere Geisteskraft mitunter gehörig auf die Nerven gingen.

»Wie ich eben schon sagte«, wiederholte Justus ungerührt und reichte Peter das Magazin, während er scheinbar wirklich auswendig wiederholte, was dort stand. »Shark Island gilt neben einigen anderen Inseln als eines der möglichen letzten Verstecke von Pim Paul, einem zu Beginn des 18. Jahrhunderts verschollenen Piraten, der angeblich den sagenhaften Schatz der Königin Calafia versteckt haben soll.«

Peter brach in schallendes Gelächter aus. »Königin Calafia? Just, diesmal liegst du leider völlig daneben. Hast du nicht zugehört, was ich eben gesagt habe? Wenn nicht, dann solltest du dir vielleicht auch ein paar fotografische Ohren anschaffen! Die Insel ist nicht so groß, dass es da noch ein Versteck oder so was geben könnte. Im Gegenteil, sie ist winzig! Und wir sollen nur für eine Nacht dableiben, um zusammen mit meinem

Vater auf die Ausrüstung aufzupassen. Die Filmcrew muss nämlich für einen überraschenden Nachdreh kurz nach Hollywood ins Studio. Und sie haben keine Lust, für die kurze Zeit das ganze Zeug mitzuschleppen. Deswegen hat mein Vater sich bereit erklärt, dort zu bleiben, wenn er uns dazu einladen darf. Und das hat das Studio ihm erlaubt.« Peter grinste.

»Aber wer ist dann diese Königin Calafia?«, wollte Bob wissen.

Justus zuckte die Schultern. »Das weiß ich auch nicht genau. Ich glaube, es ist eine sagenhafte Gestalt, die viele Seeräuber gesucht haben, weil sie angeblich ein Land regierte, in dem es Seen aus purem Gold gab.«

Peter schüttelte den Kopf. »Das war bestimmt nicht Shark Island! Und außerdem, wenn da tatsächlich irgendetwas gewesen wäre, dann hätten die Filmleute es schon längst zertrampelt. Ihr wisst doch, wo die hinkommen, da wächst danach kein Gras mehr!«

Bob rekelte sich. »Ja, das hört man immer wieder. Vermiete nie dein Haus an Leute vom Film, es sei denn, du willst es als Bruchbude zurück.« Er grinste Justus an. »Aber dieser Pirat, dieser Pim Paul, der ist doch für uns auch nicht wichtig. Nach solchen angeblichen Schätzen suchen tausende von Schatzsuchern. Viel wichtiger ist, dass wir ein tolles Wochenende mit Peters Vater verbringen können. Schwimmen, tauchen – und Mr Shaw erzählt sicher auch wieder ein paar spannende Filmgeschichten! Vielleicht zeigt er uns sogar ein paar seiner Tricks!«

»Ich habe ja gar nicht gesagt, dass ich dagegen bin«, rief Justus. »Mir ist eben nur eingefallen, was ich gelesen habe.«

Peter grinste. »Ja, in einem 50 Jahre alten Schundmagazin!« Er ließ das Heft in seiner Hand zuklappen und stand wieder auf. »Das ist sowieso alles Käse. Also, Freunde, was sagen wir meinem Vater? Sind wir dabei?«

Die drei ??? sahen sich an. Im nächsten Augenblick schmetterte ein dreifaches *Okay* über den Schrottplatz, sodass Tante Mathilda den Kopf aus der Küchentür steckte. »Ist der Kirschkuchen schon weg?«, rief sie. »War das der Ruf nach mehr?«

Justus lächelte seine Tante an. »Genau, Tante Mathilda! Am besten sogar einen Kuchen zum Mitnehmen. Denn wenn du es mir erlaubst, verbringen wir die nächsten zwei Tage mit Peters Vater auf einer einsamen Insel.«

Shark Island

Als die drei ??? Shark Island erreichten, hatte die Filmcrew die kleine Insel bereits verlassen. Peters Vater steuerte das kleine Motorboot, mit dem sie die kurze Fahrt von der Küste aus gemacht hatten, und umrundete die Insel zur Begrüßung einmal.

»Die ist ja wirklich winzig«, staunte Justus. Tatsächlich konnte man die gesamte Insel in weniger als fünf Minuten umfahren. Das Eiland hatte die Form einer dicken Birne. An der einen Seite schlug der Pazifik an eine kleine Felsenküste, die über und über mit Muscheln bewachsen war. In der Mitte der Insel erhoben sich einige kleinere Felsen. Rechts von diesen lag das Piratendorf, das die Filmcrew aufgebaut hatte.

»Gehen wir hier bei den Muscheln an Land?«, fragte Bob.

Aber Peters Vater schüttelte den Kopf. »Der Strand an diesem Teil der Insel ist etwas gefährlich«, erklärte er. »Die Muscheln sind zum Teil sehr

scharfkantig und der Fels ungeheuer rutschig. Neulich hat sich einer aus der Crew dort böse geschnitten. Wir gehen gegenüber an Land, sozusagen am schmalen Teil der Birne.«

Justus grinste. »Ich habe auch schon überlegt, wie man die Form der Insel am besten beschreiben könnte. Birnenförmig ist nicht schlecht, aber man könnte auch sagen, dass sie die Form eines Totenkopfs hat, findet ihr nicht? Die Felsen in der Mitte sind wie die Nase – auch wenn ein Totenschädel natürlich keine Nase hat.«

»Dann nenn sie doch auch nicht Totenkopf, sondern einfach nur Kopf«, meinte Peter. »Das trifft es besser.«

»Einverstanden«, kicherte Justus. »Obwohl Totenkopf zu einer Piratengeschichte sehr gut passt.«

Peters Vater fuhr weiter. Sie ließen die Muschelklippe hinter sich und kamen an einem kleinen, mit Palmen und Gräsern bewachsenen Hain vorbei, der auf der Höhe der Felsen lag.

»Seht ihr, wie recht ich habe mit der Kopfform?«,

rief Peter. »Der Palmenhain ist wie das linke Auge und das Dorf wie das rechte.«

»Und der schöne Sandstrand hier unten ist das Maul, in dessen heiße Glut ich mich gleich werfen werde«, ergänzte Bob scherzhaft.

Peters Vater lachte. Sie hatten die Insel nun noch einmal umrundet und einen kleinen, fast weißen Sandstrand erreicht.

»Da sind wir!«, rief er. »Das Dorf ist reine Kulisse. Lauft da nicht ohne mich rein und rührt nichts an. Das ist alles sehr teures Material. Dort haben wir auch unsere Filmausrüstung und die Tricksachen gelagert. Hier vorne am Strand können wir schlafen. Wir haben ja Schlafsäcke dabei, und die Wettervorhersage ist prächtig.«

Etwa zweihundert Meter vor der Küste ließ er die drei ??? den Anker werfen. Dann bestiegen sie ein kleines Schlauchboot und ruderten mit vereinten Kräften ans Ufer.

Der Strand war wirklich wunderbar. Justus, Peter und Bob ließen ihre Seesäcke, Taucherflossen, Brillen und alles Übrige, was sie mitgebracht hatten, einfach im Boot und zogen es das Ufer hinauf, sodass die Wellen es nicht erreichen konnten.

»Man kommt sich fast vor, als wäre man der erste Mensch, der seinen Fuß auf diese Insel setzt«, rief Bob begeistert. »Mr Shaw, wissen Sie, warum die Insel Hai-Insel heißt?«

»Nicht wirklich«, antwortete Peters Vater. »Oft haben kleine Inseln solche Namen, um unliebsame Besucher abzuschrecken. In früheren Zeiten haben ihre Besitzer sie gerne so genannt, wenn sie in Ruhe gelassen werden wollten. Natürlich kann es hier auch wirklich Haie gegeben haben. Aber heute ist das auf keinen Fall so. Die Insel gehört dem Bundesstaat Kalifornien, und wir haben uns vor Drehbeginn gründlich informiert. Ihr wisst ja, dass Schauspieler immer sehr hoch versichert werden müssen. Von einer Hai-Gefahr ist hier absolut nichts bekannt. Ihr müsst euch also keine Sorgen machen.«

Peters Vater zog eine brandneue Frisbee-Scheibe

aus seinem Seesack und warf sie Peter durch die Luft zu. »Los, Jungs, nach dem langen Sitzen im Boot wird euch etwas Bewegung gut tun!«

Justus lachte. »Yeah!«, rief er. »Und wer den weitesten Wurf schafft, der bekommt das erste Stück Kirschkuchen!«

Bob riss die Arme in die Luft. »Danke, Mr Shaw«, jubelte er. »Das war eine tolle Idee, hierherzukommen. Eine ganze Insel nur für uns!«

»Das finde ich auch«, grinste Peters Vater. »Willkommen also auf Shark Island!«

Jede Menge Tricks

Obwohl Justus und Bob sich alle Mühe gaben, das Frisbee weiter zu werfen als Peter, war ihnen kein Erfolg beschieden. Nicht einmal Mr Shaw schaffte es, seinen Sohn zu übertreffen.

»Du bist wirklich ein Ass!«, lachte Bob und warf sich nach einer Stunde geschlagen, aber glücklich in den Sand.

»Ja, und dir gebührt das erste Stück von Tante Mathildas Spezial-Shark-Island-Kirschkuchen!« Justus zog einen extragroßen Kuchen aus seinem Rucksack, den er Peter mit einer eleganten Verbeugung reichte.

»Danke! Schade nur, dass ich keinen Piratensäbel habe«, rief Peter. »Sonst hätte ich den Kuchen für uns geviertelt.«

Sein Vater lachte. »Drüben im Dorf sind genug Säbel, wenn ihr es stilecht wollt. Habt ihr Lust, euch die Filmkulisse einmal anzusehen?«

Die drei ??? waren sofort Feuer und Flamme. Zusammen liefen sie hinüber. Aus der Nähe sah das Dorf nur an wenigen Stellen wie ein richtiges Piratendorf aus. In Wirklichkeit waren es hölzerne Kulissen, und hinter den Fassaden waren jede Menge Stützen und Ständer versteckt. Die Gassen waren aus künstlichen Steinen gelegt.

»Am Ende des Films«, erklärte Peters Vater, »taucht ein Piratenschiff aus dem Meer auf und greift das Dorf an. Und dann versinkt nach einem großen Kampf die gesamte Insel ...«

»Die ganze Insel?«, rief Bob. »Mit was für Tricks machen Sie das denn?«

»Das wird natürlich später am Computer bearbeitet«, lachte Mr Shaw. »So was bekomme selbst ich nicht in Wirklichkeit hin! Bisher haben wir aber noch keine Schlachtszenen gedreht.« Er deutete auf einen langen Holzmast, der neben dem Dorf im Boden verankert war. An diesem hingen vier lange Taue. »Das ist ein Spezialmast für eine Fechtszene. An den Tauen kann man sich herumschwingen wie an einem Karussell. Und seht ihr den Haufen Bretter da drüben?« Die drei ??? wandten sich interessiert dem gewaltigen Bretterstapel zu. »Die sind alle präpariert. Ich kann sie so explodieren lassen, dass es aussieht, als würden Kanonenkugeln in die einzelnen Bretter einschlagen und große Löcher in sie reißen. Ihr könnt sie euch ruhig aus der Nähe ansehen.«

Die Freunde liefen hinüber. Bei genauem Hinsehen war zu erkennen, dass die Bretter alle Bruchstellen aufwiesen, zu denen nahezu unsichtbare Kabel liefen. »Es ist wirklich immer wieder erstaunlich, mit welcher Mühe man im Film Zerstörung herstellen muss«, meinte Justus.

»Das dient alles der Sicherheit«, erklärte Peter. »Niemand darf verletzt werden. Deshalb muss man bei allem so tun als ob. Und deswegen sind Filmaufnahmen ja auch so wahnsinnig teuer!«

»Seht mal! Was ist das denn?« Bob deutete auf eine Wand in der Nähe, die wie eine Kirchenfassade aussah. Darin waren zwei bunte Fenster eingelassen, allerdings nahezu ebenerdig.

»Das sind sicher Crashglas-Fenster«, meinte Peter. »Früher waren die aus Zucker, aber inzwischen ist das ein spezieller Kunststoff. Da wird bestimmt jemand durch die Scheibe fliegen. Im Film sieht es dann später so aus, als würde die Szene in großer Höhe passieren. Aber gedreht wird es hier am Boden.«

»Schade, dass wir da nicht einmal durchbrechen können«, rief Justus. »Durch so ein Fenster würde ich zu gerne mal fliegen. Das muss irre sein!«

In diesem Augenblick erhob sich direkt hinter der Kirchenmauer eine weiße Nebelwolke. »So, so!«, säuselte eine seltsam verzerrte Stimme. »Du möchtest durch Glas fliegen, mein Freund? Mir geht es seit hunderten von Jahren genauso. Aber ich schaffe es einfach nicht!«

»Dad?«, rief Peter. »Bist du das?«

»Nein, ich bin es. Der Geist von Shark Island. Willkommen auf meiner Insel! Wartet, ich komme zu euch!« Der Nebel nahm schlagartig zu und waberte so stark, dass die drei ??? plötzlich in einer dichten, weißen Wand standen.

»Da!« Bob deutete auf eines der Kirchenfenster. Eine große, dunkle Gestalt zeichnete sich hinter dem Glas ab. Im nächsten Augenblick sah es so aus, als drücke sie von innen gegen die Scheibe. Das Glas knackte und krachte. Aber anstatt zu brechen, beulte es sich plötzlich nach außen. Dann trat die Gestalt weiter vor, und die knirschende Glasscheibe legte sich um sie herum wie eine zweite Haut.

»Ach, ich komme einfach nicht durch!«, stöhnte der seltsame Geist. »Ich bin gefangen, oh, hohoho!

So geht mir das schon seit Ewigkeiten. Ich komme einfach nicht raus aus dieser Kirche!«

Der Nebel zerstob. Gleichzeitig verschwand die Gestalt. Die Kirchenscheibe saß wieder fest in der Mauer, und es sah aus, als wäre nichts gewesen.

»Wow!«, rief Peter anerkennend. »Dad! Das ist ja ein irrer Trick! Ich dachte, das Ding würde zerbrechen, aber es dehnt sich einfach aus. Was ist denn das für Gummiglas?«

Hinter der Kirchenwand lachte es. Bob warf Justus einen schnellen Blick zu. Auch der Anführer der drei ??? holte einmal tief Luft. Obwohl er sich sicher gewesen war, dass es sich um einen von Mr Shaws Spezialeffekten handelte, hatte die Sache doch ziemlich unheimlich gewirkt.

Lächelnd kam Mr Shaw hervor. »Glänzt wie Glas, knirscht wie Glas und verhält sich doch wie Gummi. Meine neueste Spezialanfertigung. Die Filmcrew weiß noch nichts davon. Das habe ich nämlich noch nicht vorgestellt. Ihr dürft nichts verraten. Ist das nicht ein einmaliger Effekt?«

»Allerdings«, gab Justus zu. »So etwas habe ich noch nie gesehen.«

»Ich habe auch lange daran getüftelt«, gestand Mr Shaw. »Aber jetzt genug der Späße.« Er blickte hinaus aufs Wasser, wo in einiger Entfernung ihr Boot in der sanften Abenddünung dümpelte. »Habt ihr Lust auf gebackene Marshmallows, oder zieht ihr ein paar frisch gefangene Fische vor?«

Justus verzog keine Miene, als er sagte: »Marshmallows als Hauptgang und zum Nachtisch frisch gesäbelten Kirschkuchen.« Er deutete auf einen Berg Piratensäbel, der in einer Ecke lag. »Deswegen sind wir doch in das Dorf gekommen.«

Mr Shaw lachte. »Einverstanden!« Er ging zu den Säbeln und zog einen hervor. »Mit dem hacken wir den Kuchen klein«, lachte er. Dann stutzte er plötzlich. »So eine Unordnung!« Er bückte sich und zog einen dicken Klumpen einer rötlichen Plastikmasse zwischen den Säbeln hervor. »Das gehört nicht hierher.« Mr Shaw trug die rote Masse zu einem Haufen anderer Sachen, wo er sie ordentlich verstaute. Dann kam er zurück zu den drei ???. »Mit dieser Knetmasse verstopft man Löcher und dergleichen. Zum Beispiel, wenn man ein Sprengloch präpariert hat. Irgendein Schussel hat sie hier liegen gelassen, anstatt sie ordentlich wegzuräumen. Und ich suche dann wieder den halben Tag danach. Jetzt aber genug gearbeitet!« Er lachte wieder. »Gegrillte Marshmallows also! Ich schlage vor, ihr holt ein bisschen trockenes Laub und abgefallene Äste aus dem kleinen Wäldchen, und ich bereite solange die Feuerstelle am Strand vor.«

»Abgemacht«, jubelten die drei ???.

Eine böse Überraschung

Die drei ??? liefen vom Strand quer über die Insel auf den Palmenhain zu. Direkt vor diesem lag die kleine Felsengruppe, die Justus bei ihrer Ankunft als ›Nase‹ bezeichnet hatte.

»Das ist wirklich eine verrückte Insel«, rief Bob, als sie die Felsgruppe erreichten. »Seht nur, die Felsen stehen fast genau im Kreis, und es sind sieben Stück. Wenn hier Menschen gelebt hätten, würde ich sagen, sie haben sie wie einen Tempel oder so was aufgebaut. Aber es ist doch immer wieder erstaunlich, was für Formen die Natur hervorbringt.«

»Wer sagt dir denn, dass hier *keine* Menschen gelebt haben?«, fragte Justus.

»Das ist doch offensichtlich«, erwiderte Bob. »Auf so einem winzigen Eiland könnte kein Mensch überleben. Es gibt ja nicht einmal Trinkwasser.«

Peter nickte. »Aber es könnten natürlich Menschen hergekommen sein, um hier zu beten oder ihre Tänze aufzuführen, oder was weiß ich. Dieser

Steinkreis ist wirklich sehr schön. Obwohl er sicher nicht von Menschen errichtet wurde, denn die Steine reichen ja offensichtlich bis tief in die Erde. Oh, seht mal!« Er deutete auf die untergehende Sonne, die zwischen zwei der rötlich schimmernden Felsnadeln im Meer zu versinken begann. »Das ist wirklich ein magischer Ort!«

Staunend sahen die drei ??? zu, wie das Licht der Sonne zwischen den Steinen tanzte und dabei lange Schatten warf.

»Kommt, wir fragen Peters Vater, ob wir unser Lager hier aufschlagen dürfen«, rief Justus. »Dieser Felsenkreis ist fast wie ein Zimmer. Oder wie eine Burghalle. Das ist toll! An so einen Ort kommen wir so schnell nicht wieder.«

Schnell liefen die drei ??? in den Palmenhain, klaubten Gras und ein paar alte Palmenblätter zusammen und machten sich dann auf den Rückweg.

»Dad«, rief Peter schon von Weitem, als die Freunde den Strand erreichten, »wir waren in dem Steinkreis und ... Dad?«

Verwundert blieben die drei ??? stehen. An dem kleinen Strand war eine Kuhle ausgehoben, die offensichtlich als Feuerstelle dienen sollte, aber von Mr Shaw war nichts zu sehen.

»Vielleicht versteckt er sich wieder, wie vorhin?«, grinste Bob.

Peter schüttelte den Kopf. »Er hat nicht mal die Marshmallows ausgepackt. Und Dad liebt es, das Essen zuzubereiten. Das verstehe ich nicht!« Peter rannte den Strand auf und ab. »Dad! Wenn das ein Witz sein soll, dann ist er jetzt vorbei. Außerdem haben wir Hunger! Komm bitte raus, wir müssen was mit dir besprechen!«

»Mr Shaw!«, rief jetzt auch Bob. »Wir wollten Ihnen vorschlagen, dass wir unser Nachtlager nicht hier am Strand aufschlagen. Kommen Sie doch bitte wieder her.«

Doch kein Mr Shaw tauchte auf.

»Das verstehe ich nicht!« Peter sah sich ängstlich um. »Wo ist er denn hin?«

Justus begann, langsam an seiner Unterlippe

zu zupfen. »Vielleicht musste er nur mal für kleine Jungs und hat sich dabei den Fuß verknackst. Ich schlage vor, dass wir jetzt zusammen die gesamte Insel absuchen. Irgendwo muss er ja sein.«

Die drei ??? warfen ihr Material für das Lagerfeuer in die Kuhle und machten sich auf den Weg. Laut rufend und ohne eine einzige Ecke auszulassen, gingen sie durch das falsche Piratendorf, kehrten zurück zu dem Steinkreis, durchkämmten den kleinen Palmenhain und fanden sich schließlich am gegenüberliegenden Ende der Insel auf der schmalen, glatten und rutschigen Muschelklippe wieder.

»Er ist wie vom Erdboden verschluckt!«, sagte Peter ängstlich. »So lange würde er sich niemals vor uns verstecken. Das ist kein Scherz!«

»Ich habe nicht mal eine Fußspur gesehen«, gab Bob zu. Mit bangem Blick sah er zu Justus.

Dieser schüttelte nachdenklich den Kopf. »Das lässt eigentlich nur eine logische Schlussfolgerung zu«, sagte er langsam. »Dein Vater muss schwimmen gegangen sein, während wir das Feuermaterial geholt haben. Wir müssen unsere Suche auf das Wasser richten.«

Hai-Alarm!

»In einer halben Stunde ist es dunkel!« Peter rannte verzweifelt zum kleinen Strand zurück. »Wir nehmen das Schlauchboot und rudern zum Motorboot. Dann sucht einer mit dem Schlauchboot die Insel in Ufernähe ab. Und die beiden anderen suchen mit dem Motorboot weiter draußen nach meinem Vater. Obwohl er eigentlich ein sehr guter Schwimmer ist …« Er sprach nicht weiter und begann hastig, ihre Seesäcke und übrigen Ausrüstungsgegenstände aus dem Schlauchboot auf den Strand zu werfen. Dabei öffnete sich einer der Beutel, aber Peter achtete gar nicht darauf.

Justus und Bob waren ihrem Freund nachgeeilt. Bob bückte sich, um nach seinem Seesack zu greifen, in dem seine Badehose war, als sein Blick auf den Ozean fiel. Wie erstarrt hielt er inne. »Just, Peter!«

»Was denn?« Peter richtete sich auf.

Stumm deutete Bob aufs Meer. Im nächsten

Augenblick wurde Peter grün im Gesicht. Zwischen ihnen und dem Motorboot ragte dunkel und gefährlich ein dreieckiges Gebilde aus dem Wasser. Es war mindestens so groß wie Peters Brustkorb und schnitt schnell durch die Oberfläche des Pazifiks.

»Ein Hai!«, keuchte Peter. »Und was für ein riesiger! Wenn mein Dad da draußen ist, gibt es keine Rettung mehr!«

»Ruhig!«, rief Bob. »Haie fressen keine Menschen. Menschen passen nicht in ihr Beuteschema. Das wissen wir doch.«

»Aber sie nehmen Menschen ins Maul, um mit dem Gaumen zu prüfen, ob sie genießbar sind«, rief Peter voller Angst. »Und wenn man sich dann bewegt, reißt man sich die Arterien an den spitzen Zähnen auf und verblutet. Was ist das für ein Monster da draußen? So eine große Flosse habe ich noch nie gesehen. Justus, wir müssen sofort was unternehmen!«

Justus starrte mit dunklen Augen aufs Wasser. Dem Anführer der drei ??? stand kalter Schweiß auf

der Stirn. Er kannte die Angst um die eigenen Eltern sehr genau. Schließlich hatte er als kleiner Junge seine beiden Eltern verloren. Und obwohl er nie darüber sprach, trug er tief in sich einen gewaltigen Schmerz. Er musste seinem besten Freund helfen. Doch wie? Seine Augen rasten über ihre Ausrüstungsgegenstände. Was davon konnte er jetzt für einen Plan benutzen?

Im nächsten Augenblick stieß Justus verblüfft die Luft aus. »Peter! Dein Vater ist nicht da draußen im Wasser.« Er bückte sich und riss einige Dinge aus dem Haufen, den Peter eben aus dem Schlauchboot geworfen hatte. Es waren Mr Shaws Flossen, seine Taucherbrille und sein Seesack, aus dessen offenem oberen Ende eine trockene Badehose hing.

»Hier ist der Beweis. Dein Vater wäre vielleicht ohne Flossen und Brille schwimmen gegangen, aber ganz bestimmt nicht ohne seine Badehose!«

Peter fuhr zusammen. Er starrte zuerst Justus an, dann wieder aufs Meer hinaus. Die dreieckige Haiflosse hatte sich etwas entfernt und schwamm jetzt auf das Motorboot zu.

»Aber, aber …?«, stotterte Peter plötzlich. »Ich verstehe das alles nicht.«

»Ich auch nicht«, sagte Justus ruhig. »Was ich allerdings verstehe, ist, dass wir es hier mit einer ziemlich unlogischen Situation zu tun haben. Dein Vater verschwindet, ohne dass wir erklären können, wie oder wohin. Unmittelbar darauf taucht eine Haiflosse auf, obwohl wir gehört haben, dass es hier überhaupt keine Haie geben soll. Diese Haiflosse schwimmt zudem genau zwischen uns und dem Motorboot, das wir bräuchten, um Hilfe zu holen, denn mit dem Schlauchboot kommen wir nicht weit. Und das Ganze passiert auf einer Insel, auf der Filmausrüstungsgegenstände in beträchtlichem Wert lagern, auf die dein Vater aufpassen soll.« Justus hielt inne. Sein Blick war jetzt ganz klar, und in seinem Gesicht stand deutlich zu lesen, dass sein detektivischer Spürsinn hellwach war.

»Meiner Meinung nach, Freunde«, sagte Justus langsam, »haben wir es hier mit einem mysteriösen Fall zu tun. Und unsere erste Aufgabe ist es, herauszufinden, wohin dein Vater verschwunden sein könnte, beziehungsweise, ob ihn jemand gefangen hält, Peter. Denn ich fürchte, dass es sich bei seinem Verschwinden nicht um ein aus freiwilligen Schritten unternommenes Versteckspiel handelt.«

»Ein aus freiwilligen Schritten unternommenes Versteckspiel?« Peter sah Justus an. Dann straffte er sich und streckte das Kinn vor. Wenn Justus so hochgestochen redete, dann war klar, dass die drei ??? einen Fall zu bearbeiten hatten. Und diesen Fall, das schwor sich Peter, würden sie so schnell lösen wie noch nie!

Unmöglich, aber wahr

Bob hatte eine Skizze der Insel in den feuchten Sand gezeichnet. Die drei Jungen beugten sich aufmerksam darüber.

»Welche Orte haben wir noch nicht abgesucht, und welche können wir ausschließen?«, fragte Justus. »Was ist uns außerdem an ungewöhnlichen Dingen aufgefallen? Und was sind mögliche Verbindungen dazwischen?«

»Auf der Insel«, begann Peter, »ist mein Vater nicht! Wir haben ihn weder gesehen noch gehört, und auch keine Spur gefunden.«

»Richtig«, sagte Bob, »es sei denn, er wäre in einer Höhle oder so.«

»Wir haben auch keine Höhle gesehen«, fuhr Peter auf. »Das Kulissen-Dorf besteht nur aus Wänden. Dazwischen lagern ein paar Kisten. Sonst ist dort nichts. Rund um die sieben Steine ist auch nichts. Und der Palmenhain ist zu klein, um etwas darin zu verstecken.«

Justus nickte. »Es gab auch keine Grabe- oder Fußspuren. Also bleiben nur zwei Möglichkeiten für ein Versteck. Das Motorboot oder irgendein anderes Schiff, das wir gerade nicht sehen, oder … eine Höhle unter Wasser.«

Peter sprang auf. »Natürlich!«, rief er. »Wieso haben wir da nicht früher dran gedacht. Wenn mein Vater entführt wurde, dann kann ihn irgendjemand in einem Boot verschleppt haben. Das ist des Rätsels Lösung.«

»Halt!« Justus zog ihn zurück. »Ich muss euch sagen, dass mir das zuerst auch so schien. Aber dagegen spricht eine Antwort auf Frage zwei: Was ist uns sonst noch Ungewöhnliches aufgefallen?«

»Der Hai«, sagte Bob sofort.

»Richtig!« Justus griff nach seiner Unterlippe. »Er ist immer noch da, und er schwimmt die ganze Zeit vor dem Motorboot. Das ist in meinen Augen ein ausgesprochen ungewöhnliches Verhalten für einen Fisch. Und damit komme ich zu Frage drei: Die Verbindungen. Wenn das, was dort schwimmt, wirklich ein Hai ist, was tut er dann dort? Er frisst nicht, er kreist nicht, er bewegt sich nicht fort. Für mich sieht es im Augenblick so aus, als bestünde sein ganzes Verhalten oder vielleicht auch seine vornehmliche Aufgabe darin, uns vom Motorboot oder dem Wasser überhaupt fernzuhalten.«

»Just!«, rief Peter. »Nach der Rückenflosse zu urteilen, ist das Vieh mindestens sechs Meter lang. Und um mich von dem Boot fernzuhalten, muss es gar nichts weiter tun, als einfach nur zu existieren.«

»Und außerdem gibt es keine dressierten Haie«, fügte Bob hinzu.

»Natürlich nicht.« Justus sah seine Freunde herausfordernd an. »Aber künstliche Haiflossen gibt es in rauen Mengen, zumal beim Film.«

»Du meinst, es könnte sich um einen falschen Hai handeln?« Peter war blass um die Nase. »Das würde ich aber nicht überprüfen wollen.«

»Eine Attrappe?« Auch um Bobs Mund zuckte es.

»In der Tat«, bestätigte Justus. »Und dann ist da noch etwas. Warum sollte hier jemand Peters

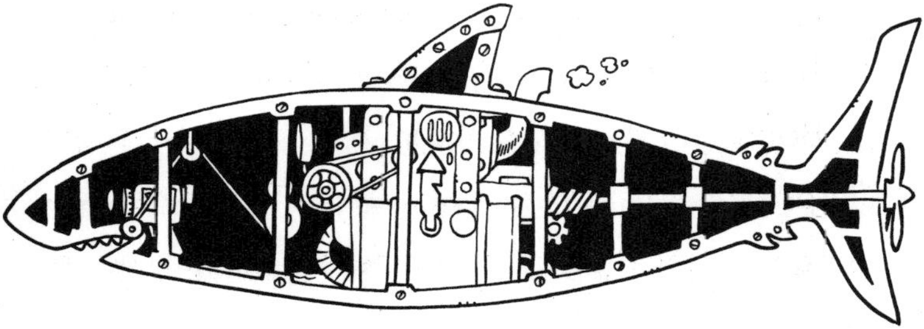

Vater entführen, wenn nicht, um sich in den Besitz der Filmausrüstung zu bringen? Denn das ist doch offenbar das einzig Wertvolle, das hier vorhanden ist und das Interesse eines Diebes wecken könnte. Doch danach sieht es bisher überhaupt nicht aus. Niemand hat sich daran zu schaffen gemacht. Stattdessen taucht ein möglicher künstlicher Hai auf, der ganz offensichtlich dazu dient, uns auf der Insel festzuhalten und zu verhindern, dass wir Hilfe holen. Und das wiederum wirft die Frage auf: Wozu hat jemand deinen Vater entführt, Peter? Nun, ich will euch nicht länger auf die Folter spannen, was das Ergebnis meines Gedankengangs angeht. Peters Vater ist Fachmann für Spezialtricks beim Film.

Entsprechend nahe liegt es, anzunehmen, dass der Unbekannte seiner Fähigkeiten bedarf.«

Bob und Peter schluckten. »Du meinst«, sagte Peter schließlich, »irgendjemand hält meinen Vater gefangen, damit der ihm bei etwas hilft, das er alleine nicht schafft?«

»Und zwar irgendwo hier in der Nähe der Insel«, fügte Bob hinzu. »Weil er außerdem dafür sorgt, dass wir nicht von hier verschwinden und Hilfe holen.«

»Genau das denke ich«, nickte Justus. »Und zwar glaube ich, dass es bei der Insel eine Höhle gibt, deren Eingang unter Wasser liegt und in der irgendetwas vor sich geht. Das ist die einzig mögliche logische Schlussfolgerung. Und nach dieser Höhle müssen wir suchen.«

Peter sah hinaus auf den inzwischen fast dunklen Ozean. »Das klingt alles ganz logisch, Just«, sagte er leise. »Aber was ist, wenn du dich irrst – und die Haiflosse da draußen ist doch echt?«

Jäger und Gejagter

Justus hatte sich bereits seine Badehose geschnappt und schlüpfte hinein.

Peter sprang auf. »Just, halt! Ich lasse nicht zu, dass du einfach so ins Wasser gehst, bevor wir nicht wissen, ob das ein echter oder ein falscher Hai ist.«

»Aber die geniale Kraft der kleinen grauen Zellen hat uns doch schon klargemacht, dass es sich nicht um einen echten Hai handeln kann«, beharrte Justus. »Und wir haben wirklich keine Zeit zu verlieren!«

»Trotzdem, Peter hat recht!«, begehrte Bob auf. »Das Risiko ist zu groß. Bevor wir nicht einhundert Prozent sicher sind …«

»Na gut!« Justus hob die Arme. »Aber wenn ihr euch immer erst auf mein Gehirn verlassen wollt, nachdem ich den Beweis erbracht habe, dann müssen wir in Zukunft alles doppelt und dreifach machen. Und das wird wirklich zeitaufwendig!«

Ohne länger abzuwarten, schnappte sich Justus ein paar kleinere Steine, die am Strand lagen, machte mit ihnen ein paar Schritte ins Wasser und schleuderte sie dann in hohem Bogen Richtung Hai. Das erste Wurfgeschoss verfehlte die Flosse um einige Meter, aber schon das zweite und dritte landeten beachtlich nah an dem aufragenden dunklen Dreieck. Und das vierte traf. Mit einem satten *Plopp* landete es mitten auf der Flosse. Triumphierend wandte Justus sich um. »Da habt ihr den Beweis!«

Peter und Bob starrten mit weit aufgerissenen

Augen aufs Meer hinaus. Der Hai oder vielmehr die Flosse hatte nicht im Mindesten reagiert. Als hätte der Stein sie überhaupt nicht berührt, zog sie weiter ihre Bahn.

»Das nennt man wohl einen schlagenden Beweis«, kicherte Justus.

»Aber wenn du dir so sicher warst — wieso hast du es nicht gleich so gemacht?«, fragte Bob verblüfft.

»Ich hatte Angst, die Flosse wäre vielleicht aus Metall, und das Geräusch des aufprallenden Steines wäre bestimmt über die ganze Insel und insbesondere unter Wasser gut hörbar gewesen«, gab Justus zurück. »Ich wollte unseren Gegner keinesfalls auf uns aufmerksam machen.«

»Dann haben wir ja Glück gehabt«, meinte Peter säuerlich.

»Das sehe ich auch so«, sagte Justus ruhig. »Und Glück werden wir sicherlich noch einiges brauchen. Denn wer auch immer es ist, der uns so an der Nase herumzuführen versucht, er ist schlau, er verfügt über eine technische Ausrüstung, die es in sich hat, und er hat ein Versteck, das offensichtlich so gut wie unsichtbar ist!«

»Aber einen Vorteil haben wir jetzt«, sagte Peter mit fester Stimme, während er sich nach seinem Schwimmzeug bückte.

»Und der wäre?« Bob zog sich ebenfalls seine Badehose an und griff sich Schnorchel, Maske und Flossen.

»Der große Unbekannte weiß noch nicht, dass er in diesem Moment vom Jäger zum Gejagten geworden ist«, flüsterte Peter grimmig.

Tauchstation

Wie drei Schatten huschten die drei ??? in das falsche Piratendorf. »Ich habe hier vorhin Unterwassertaschenlampen gesehen«, zischte Peter. »Die können wir bestimmt gut gebrauchen.«

Justus nickte. »Wir nehmen sie mit. Aber trotzdem schnorcheln wir zunächst ohne Licht um die Insel. Meine Hoffnung ist, dass unsere Gegner sich sicher genug fühlen, selber Licht zu benutzen. Und das würden wir dann unter Wasser sehen.«

»Außerdem müssen wir genau auf jede Strömung achten«, sagte Bob. »Sobald etwas unter Wasser Richtung Insel strömt, müssen wir dort genauer suchen.« Er hielt ein Seil in der Hand, dessen eines Ende er Peter reichte. »Peter und ich binden uns je ein Seilende um. Just, du hältst dich in der Seilmitte. So gehen wir einander nicht verloren.«

Die drei ??? liefen ans Wasser. Der Ozean lag spiegelglatt vor ihnen. »Lasst uns zuerst zur Muschelklippe schwimmen«, rief Peter.

Justus nickte. »Und dort müssen wir besonders vorsichtig sein. Also los. Einmal am Seil rucken bedeutet, einer von uns hat etwas gefunden. Zweimal am Seil rucken heißt: Gefahr!«

Die drei ??? gingen ins Wasser, benetzten ihre Masken von innen, setzten sie auf und ließen sich dann in den Ozean gleiten, wo sie sofort in tieferes Wasser schwammen. Das helle Mondlicht tauchte die Landschaft unter Wasser in ein schwaches Leuchten. Wie immer beim nächtlichen Tauchen blitzten dazu bei jeder Bewegung wirbelnde Planktonteilchen grünlich auf. Mit ruhigen Flossenschlägen erreichten die drei ??? das hintere Ende des Eilands. Hier zog die Insel unter Wasser plötzlich steil nach unten. Gleichzeitig wurde das Wasser tiefer und kälter.

Justus versuchte, so ruhig wie möglich zu atmen. Sein Gefühl sagte ihm, dass sie auf der richtigen Spur waren. Denn obwohl Justus Jonas sich immer und überall zuerst auf die Kraft seiner grauen Zellen verließ, zeichnete ihn darüber hinaus auch das intuitive Gespür eines echten Detektivs aus.

Bob und Peter musste es ähnlich gehen wie ihm. Die beiden schwammen plötzlich genauso langsam und vorsichtig wie Justus. Vor ihnen im Meer ragte die Unterwasserküste der Insel steil in die Tiefe. Im schwachen Mondschein schien sie glatt wie ein riesiger Felsen. Dieser Felsen war etwa zwanzig Meter lang und über und über mit Muscheln bewachsen, zwischen denen sich Seegräser und einige Korallen angesiedelt hatten. Die drei ??? schwammen ihn einmal der Länge nach ab. Doch obwohl Justus genau hinsah, ließ sich nicht die geringste Spur einer Höhlenöffnung erkennen. Dunkel und abweisend lag das Riff im Wasser, wie eine Wand. Es war auch keine Strömung zu spüren.

Das Seil ruckte einmal. Justus sah auf. Peter deutete mit dem Finger nach oben. Er wollte offensichtlich an die Oberfläche, um seinen Freunden etwas zu sagen. Die drei ??? tauchten auf.

»Das geht um einiges tiefer runter, als ich gedacht hätte«, flüsterte Bob, kaum dass sie die Wasseroberfläche durchbrochen hatten.

»Ja«, nickte Justus. »Es ist wirklich merkwürdig, dass die Insel auf der einen Seite so flach ist und auf der anderen Seite wie ein steiler Felsen ins Meer ragt.«

»Genau, Freunde, darum geht es«, sagte Peter. »Es geht da verdammt tief runter. Tiefer, als wir alle drei es zusammen schaffen werden. Deswegen schlage ich vor, dass ich es erst einmal alleine versuche. Ich bin der beste Schwimmer von uns. Einer alleine ist schneller und wendiger. Außerdem nehme ich das Seil mit, sodass ihr mich hochziehen könnt, wenn es eng wird.«

Justus wollte gerade antworten, als sein Blick von etwas abgelenkt wurde. Verwirrt drehte er den Kopf. Was war das? Irgendetwas an seinem Wahrnehmungshorizont hatte sich verändert. Aber was? Hinter ihm lag das Meer, ruhig und glatt und vom Mond beschienen. Vor ihm lag die Insel. Er sah genauer hin. War da etwas? Im selben Moment geschah es wieder. Justus zuckte zusammen. Hinter den Muschelklippen blitzte ein Licht auf. Kurz und hell, als hätte jemand eine Lampe angemacht. Und fast genau im selben Moment hörte er ein dunkles Dröhnen, das aus der Tiefe unter ihnen zu kommen schien. Ein leises Grollen, das sich wie ein einzelner Donnerschlag unter ihnen im Meer ausbreitete, um dann leise in der Ferne zu verschwinden. Auch Bob und Petern hatte das Grollen wahrgenommen.

»Was war das?«, keuchte Bob ängstlich.

Justus zog ihn am Arm. »Das war zu tief, als dass wir ohne Sauerstoffgeräte bis dort tauchen könnten«, sagte er leise. »Aber das ist auch gar nicht nötig. Freunde, ich fürchte, wir haben bei unserer Suche auf der Insel etwas Entscheidendes übersehen.«

Felsentor

»Dort hat eben ein Licht geblitzt! Und zwar ganz eindeutig!« Justus deutete zum Steinkreis in der Mitte des winzigen Eilands. »Da! Und zwar unmittelbar, bevor es gedonnert hat.«

»Dort hat eben was?« Bob trat langsam Wasser und sah Justus erstaunt an.

»Aber auf der Insel ist niemand«, sagte Peter. »Und wir haben auch kein Boot gehört oder gesehen. Wir hätten es bemerkt, wenn sich jemand genähert hätte.«

Justus schwamm schon wieder zurück zum Sandstrand. »Ja, wenn jemand von *außerhalb* der Insel gekommen wäre. Aber das war eben nicht der Fall.«

»Moment!« Peter kraulte seinem Freund hinterher. »Dann müsste sich jemand auf der Insel versteckt gehalten haben. Aber genau das haben wir doch ausgeschlossen.«

Justus biss sich betrübt auf die Unterlippe. »Ich weiß, aber es sieht so aus, als hätten wir uns geirrt.«

Die drei ??? erreichten das flache Sandufer. »Aber wo soll sich denn jemand versteckt haben?« Bob streifte seine Schwimmflossen ab.

»So wie es aussieht, kommt dazu nur ein Ort in Frage.« Justus trocknete sich schnell ab und schlüpfte in Hose und Socken. »Im Übrigen scheint das Unterwassergrollen ja auch zu belegen, dass es hier irgendetwas Unterirdisches geben muss.«

»Ist dir eigentlich schon mal aufgefallen, dass du immer *ich* sagst, wenn du eine deiner genialen

Ideen verkündest – und immer *wir*, wenn es darum geht, einen Irrtum einzugestehen?« Peter sah seinen Freund mit blitzenden Augen an. »Ich mache mir sehr große Sorgen um meinen Vater. Ich wollte gerade tauchen, um nach dieser Höhle zu suchen, da holst du uns alle wieder an Land. Das kommt mir ein bisschen wie Zeitverschwendung vor!«

»Unter Wasser wärst du auf dich alleine gestellt gewesen«, antwortete Justus ruhig. »Hier an Land sind wir zu dritt und viel beweglicher. Ich glaube, das wiegt den möglichen Zeitverlust wieder auf.«

Ohne eine Antwort abzuwarten, schulterte der Anführer der drei ??? das nasse Seil und setzte sich in Bewegung. Bob und Peter folgten ihm schweigend. Drei Minuten später standen die Freunde inmitten des kleinen Steinkreises.

»Das Licht strahlte von unten nach oben«, murmelte Justus.

»Das heißt, dass es wahrscheinlich aus einem Loch im Boden gekommen ist«, fügte Bob hinzu. »Aber wir haben hier schon alles abgesucht.«

»Das Offensichtliche zumindest«, gab Justus zu. »Aber was ist mit dem Rest?«

Er ging auf den nächsten Felsen zu und klopfte dagegen. Wie nicht anders zu erwarten gewesen war, klang der Stein dumpf und fest.

»Ich vermute, wir können es wagen, unsere Taschenlampen anzumachen«, flüsterte Justus plötzlich. »Eher werden wir gehört als gesehen.«

Er knipste seine Lampe an und leuchtete einmal rund um den Felsen. »Bob, Peter, sucht bitte die übrigen Steine ab. Einer von ihnen muss es sein!«

»Muss *was* sein?«, zischte Peter. »Drück dich doch bitte klar aus, Just!«

»Die Tür«, murmelte Justus, »der getarnte Eingang, der Einstieg, irgendetwas in der Art.«

»Aber das sind Felsen!« Peter klopfte gegen den Stein, der direkt neben ihm aus dem Boden ragte. »So ein Ding kann keiner von uns alleine bewegen.«

»Hier!«, rief Bob in diesem Augenblick. »Ich glaube, ich habe gefunden, was du suchst, Just. Hier ist eine Schleifspur.«

Justus fuhr herum wie von der Tarantel gestochen. »Ganz leise jetzt!«, befahl er. »Diese Spur verrät, dass der Fels bewegt werden kann. Darauf hätte ich auch wirklich früher kommen können. Dass sieben Felsen so wohlgeordnet beieinanderstehen, kann einfach keine natürliche Ursache haben.« Er griff nach seiner Unterlippe und fing an, sie heftig zu kneten. »Aber was ist der Mechanismus für das Felsentor? Und vor allem, wo ist er?« Plötzlich hielt Justus den Atem an.

»Freunde!«, stieß er hervor. »Wenn wir bei der Annahme bleiben, dass Peters Vater da unten gefangen ist und jemand seinen technischen Rat braucht, dann bedeutet das auch, dass dieser Jemand sich hier nicht wirklich gut auskennt. Wahrscheinlich waren jahrelang keine Menschen auf dieser Insel. Und erst mit der Filmcrew sind wieder welche gekommen. Stimmt ihr mir zu?«

Bob und Peter nickten.

Justus begann zu lächeln. »Gut, wenn also einer aus der Crew hier etwas entdeckt hat, dann muss es offensichtlich auffindbar gewesen sein. Aber was wäre, wenn er es erst danach unsichtbar gemacht, also verborgen hat? Wie würde das gehen? Dann müsste der verborgene Eingang doch von außen geöffnet werden können!«

Peter fuhr in die Höhe. »Du meinst, in dem Stein ist ein Hebel oder so was angebracht, und jemand hat ihn versteckt?«

Justus nickte. »Und wisst ihr noch, was dein Vater heute Abend zwischen den Säbeln entdeckt hat?«

Peter stöhnte auf. »Die Plastikmasse. Von der er gesagt hat, dass damit zum Beispiel Löcher gestopft werden, in denen eine kleine Sprengladung präpariert wurde!«

Bob keuchte. »Und die Plastikmasse war rot! So rot wie der Felsen hier!«

»Allerdings!« Justus tastete bereits den Stein ab. »Sucht eine Stelle, die nicht so kalt und fest ist wie der Rest. Ich fange unten an. Bob, du nimmst die Mitte. Peter streckt sich, so hoch er kommt.«

Die drei ??? machten sich auf die Suche. Fünf

Minuten später jubelte Peter leise auf. »Du lagst richtig!«, rief er aufgeregt. »Hier ist tatsächlich eine weiche Stelle. Leuchtet mal her.« Bob richtete seine Lampe auf Peters Hände. Dieser drückte an einem Felsen herum, griff plötzlich mitten in den Stein und zog dann einen dicken Klumpen rötlicher Masse hervor. Dahinter konnte man eine kleine Höhlung erkennen. Und mitten in dieser Höhlung steckte etwas, das aussah wie ein hölzerner Hebel.

Triumphierend sah Peter seine Freunde an. »Sesam, öffne dich«, sagte er leise und zog an dem Hebel. Nahezu lautlos schwang der Felsen herum.

Dunkle Stufen

»Vorsicht!« Schnell sprang Peter beiseite und zog Justus mit sich. Dann sahen die drei ???, was der bewegliche Felsen freigegeben hatte. Zu ihren Füßen lag eine dunkle Steintreppe. Ihre schmalen, ausgetretenen Stufen führten steil in die Tiefe.

»Ich werde verrückt«, flüsterte Bob. »Das sieht aus wie ein uralter Geheimgang.«

Justus musterte die moosbewachsenen Stufen. »Erstaunlich! Ich hätte nicht erwartet, dass es auf so einer kleinen Insel noch groß in die Tiefe geht. Ich hätte eher mit einer kleinen Höhle gerechnet, aber niemals mit einem Einstieg in die Unterwelt.«

»Einstieg in die Unterwelt?«, keuchte Peter.

»Wo der wohl herstammt?«, überlegte Bob.

»Ich würde eher fragen, wo er hinführt«, murmelte Peter, dem offensichtlich beim Anblick der dunklen Stufen nicht sehr behaglich zumute war. »Meinst du wirklich, dass das da unten die Unterwelt ist, Justus?«

»Ich meine natürlich nicht die Hölle oder etwas dieser Art«, antwortete Justus ruhig. »Aber ich frage mich, was es da unten zu finden gibt. Und es gibt wohl nur eine Art, wie wir das herausfinden.«

Peter nickte. »Ja! Und selbst, wenn es da drin nach Feuer und Schwefel stinken würde, wenn mein Dad da drin ist, muss ich dort runter.«

Justus blickte auf. »Wir werden deinen Vater finden und ihm helfen, wenn er dort ist. Und ich bin mir sehr sicher, dass es so ist!«

Justus nickte Peter und Bob zu. »Ich gehe voran. Haltet eure Lampen bereit, aber lasst sie aus, solange es geht. Zum Glück ist es dunkel, und wer auch immer sich hier versteckt hält, hat wahrscheinlich nicht bemerkt, dass wir den Eingang gefunden haben. Ab jetzt kein Wort mehr. Wir wissen nicht, wie weit der Schall hier trägt!«

Behutsam machten sich die drei ??? auf den Weg in die Tiefe. Die alten Stufen waren schmal und glitschig, und mehr als einmal mussten sie sich an den engen Wänden abstützen, um nicht auszurutschen.

Nach kurzer Zeit hatte Bob vierzig Stufen gezählt. »Das wirkt ja, als ginge es hier direkt zum Mittelpunkt der Erde«, flüsterte er.

»Dafür ist es aber nicht heiß genug«, gab Justus zurück. »Im Gegenteil, ich habe eher das Gefühl, es wird immer kälter.« Er hatte recht. Die Wände, die zu Beginn ganz eindeutig aus Stein gewesen waren, aber dafür noch warm von der Sonne, fühlten sich plötzlich feucht und weich an.

»Die Wände wirken irgendwie so lebendig«, sagte Peter. »Als ob wir direkt in ein Unterseemonster reinsteigen.«

»Ich finde, die Wände wirken eher wie aus Holz, das mit Algen bewachsen ist«, sagte Justus.

»Holz?« Bob blieb stehen. »Wie sollte denn Holz unter eine Insel kommen? Höhlen sind normalerweise aus Stein.«

Justus tastete mit dem Fuß nach der nächsten Stufe. Doch statt der Treppe stieß er gegen etwas Hartes. Erschrocken fuhr er zurück und hielt in letzter Sekunde einen Schreckensschrei zurück.

»Was ist?«, rief Bob ängstlich.

Justus schwieg. Dann knipste er kurz seine Taschenlampe an. Vor ihm im Boden gähnte ein eckiges Loch. Und durch das Loch lief ein dicker, glatt geschliffener Baum, der sicher so breit war wie Justus selber. Er begann direkt neben Justus an der Decke, wo er fest verankert war, führte in das Loch und dort scheinbar endlos in die Tiefe.

»Was ist das?«, rief Peter.

»Das sieht aus wie eine Rutsche direkt in den Abgrund der Erde«, sagte Bob beklommen.

Ratlos schüttelte Justus den Kopf. »Und es sieht außerdem aus, als wäre das Ding der einzige Weg weiter nach unten«, murmelte er düster.

Flucht in die Tiefe

»Ihr wollt wirklich runterrutschen?« Bob sah seine Freunde verzagt an. »Wir wissen überhaupt nicht, wo dieses Ding hinführt! Und ich bezweifle, dass wir daran so einfach wieder hochkommen.«

»Ich schaffe das«, widersprach Peter. »Es geht schließlich um meinen Vater.«

Justus hob eine Hand. »Bob hat recht, Peter. Dieser seltsame Baum ist zu dick, um daran wie an einer Kletterstange hochzusteigen.« Er nahm das Seil von der Schulter und schlang es um den Baum. »Helft mir ziehen, der Knoten muss fest sitzen!«

Mit vereinten Kräften schlugen die drei ??? einen gut sitzenden Knoten. Jetzt hatten sie ein Kletterseil, das ihnen in jede Richtung Halt geben würde. Justus sah hinab. »Wir sollten kein Licht benutzen, solange wir nicht unbedingt müssen«, ordnete er an. »Wir wissen nicht, wie weit es zu sehen ist!«

»Okay, ich gehe vor!« Peter schwang die Beine über das dunkle Loch.

»Sieh dich zuerst um! Wenn du etwas hörst oder ein Licht siehst, verhalte dich absolut still. Wenn nichts da ist, dann leuchten wir selber die Umgebung kurz ab!«, instruierte ihn Justus.

»Okay!« Peter packte das Tau und ließ sich an dem dicken Baum entlang langsam abwärtsgleiten.

»Und?«, rief Bob, als Peters Kopf in der Dunkelheit verschwunden war.

»Das Loch führt noch tiefer abwärts«, kam Peters flüsternde

Stimme zurück. »Aber ich bin in einer Art Raum, zumindest kommt hier ein Boden. Kein Licht zu sehen. Leuchte doch mal kurz, Just!«

Schnell knipste Justus seine Lampe an. »Wahnsinn!«, rief Peter leise. »Das ist wie ein Zimmer, aber so was habe ich noch nie gesehen. Der ganze Raum hängt voller Ketten!«

»Ketten?« Justus griff nach dem Seil. »Was für Ketten? Perlenketten?«

»Nein, kein Schatz«, antwortete Peter. »Das sind dicke, feste Eisenketten. Das müsst ihr euch ansehen.«

Einen Augenblick später standen Justus und Bob neben ihrem Freund. Peter hatte nicht übertrieben. Im Licht ihrer Lampen erblickten die drei ??? ein eigenartiges Labyrinth aus schweren Ketten, an denen zum Teil große Steine befestigt waren, die wie Pendel in der Luft hingen. Außerdem liefen Teile der Ketten über dicke Rollen und verschwanden durch Löcher im Boden.

»Das Ganze sieht aus wie ein höchst kompliziertes Uhrwerk«, flüsterte Bob. »Nur, dass es sehr viel größer ist.«

Justus betrachtete die seltsame Mechanik schweigend. Dann flüsterte er: »Ich frage mich, an was für einem Ort wir hier gelandet sind. Ein dicker Baum führt in die Erde. Dann kommt etwas, das wie eine Maschine wirkt. Und vorhin war noch dieses merkwürdige Grollen unter Wasser zu hören. Wenn ich nur wüsste, wie das alles zusammenhängt?«

Doch Justus kam nicht mehr dazu, seine Gedanken fortzuspinnen. Im Rücken der drei ??? wurde plötzlich eine wütende Stimme hörbar, die schnell näher kam. »Sie enträtseln mir jetzt, wie die Maschine funktioniert, oder Sie kommen hier nie wieder raus, das verspreche ich Ihnen!«, rief jemand zornig.

»Aber ich bin Spezialist für Tricks beim Film und kein Bergbauingenieur«, antwortete Peters Vater mit müder Stimme. »Wie oft soll ich Ihnen das noch erklären?«

»Gar nichts erklären sollen Sie!«, gab die erste

Stimme zurück. »Halten Sie den Mund und machen Sie weiter, oder ich schnappe mir die drei Bengel und setze sie im Schlauchboot auf dem Ozean aus!«

Die drei ??? zuckten zusammen. »Licht aus!«, zischte Justus und schaltete seine Taschenlampe aus. In der schlagartig einsetzenden Dunkelheit konnten die Freunde erkennen, wie in der Ferne ein Licht auf und ab tanzte und dabei direkt auf sie zukam.

»Wir müssen uns verstecken«, flüsterte Bob. »Runter in das Loch!«, sagte Justus im selben Moment. »Das ist die einzige Möglichkeit!«

Schwarz auf weiß

So schnell und leise sie konnten, griffen die drei ??? nach ihrem Halteseil und rutschten an dem Baum weiter abwärts. Zum Glück fanden sie auch diesmal nach einem kurzen Strecken mit den Füßen Halt. Über ihren Köpfen näherten sich die Stimmen.

»Mr Shaw«, sagte der Unbekannte, »ich will wissen, wie diese Mechanik mit dem Schatz zusammenhängt. Er muss irgendwo hier unten verborgen sein! Das steht in den Aufzeichnungen, die ich gefunden habe. Hier, lesen Sie selbst.«

Ein leises Rascheln war zu vernehmen. Dann las die Stimme von Peters Vater laut vor: *»Golden ist ihr Anblick! Golden sind ihre Glieder! Sie selbst ist aus Gold von liebender Hand erschaffen! Die schönste der Königinnen, Königin Calafia. Doch ruht sie verborgen in schweren Ketten, wo Nord Süd ist und Süd Nord. Wo die Sonne aufgeht, wenn sie untergeht. Und erst, wenn sie aus den Ketten befreit ist, wenn das Land im Meer versinkt und Aurora sich* *erhebt, wird Königin Calafia das strahlende Gold der Sonne wieder zu Gesicht bekommen. Dann erst wird ihr Antlitz mit ganzer Schönheit die Welt erfreuen!«*

Mr Shaw lachte leise. »Wer auch immer das geschrieben hat, er muss diese Königin sehr verehrt haben.«

»Es ist mir vollkommen egal, ob er sie verehrt hat«, zischte der Unbekannte. »Mich interessiert lediglich das Gold. Und das muss hier sein. Denn hier unten habe ich das Tagebuch gefunden.«

»Wer hat es denn geschrieben?«, fragte Peters Vater neugierig.

»Wen interessiert denn das? Ich habe nur die paar Seiten hier. Mehr stand in dem alten Tagebuch eh nicht geschrieben. Aber egal. Das geht Sie einen feuchten Kehricht an. Alles, was Sie zu tun haben, ist, diese verdammte Königin aus diesem Kettengewirr hier zu befreien. Vorhin hat es doch schon einmal gerumpelt, warum haben Sie da nicht weitergemacht?«

Peters Vater stöhnte. »Weil hier alles geschwankt hat. Sie selbst haben ja sogar das Felsentor geöffnet und wollten sich in Sicherheit bringen.«

Die Stimme lachte rau. »Ja, sicher! Meinen Sie etwa, ich bringe mich selber in Gefahr?«

»Gierig und feige zugleich«, murmelte Peters Vater. »Na gut, ich muss diesen Ketten hier nachgehen. Solange ich nicht verstehe, was es mit den Dingern auf sich hat, rühre ich nichts mehr an. Am Ende stürzt hier noch alles ein!«

Die drei ??? hörten, wie sich die Schritte und Stimmen entfernten. »Habt ihr das gehört?«, flüsterte Justus seinen Freunden zu, als sie wieder alleine waren. Er hatte einen Kugelschreiber in der Hand, den er jetzt wieder in die Hosentasche steckte. »Es geht tatsächlich um einen Schatz. Das muss der Schatz dieses Piraten Pim Paul sein!«

»Ich habe kein Wort verstanden«, sagte Peter, »Außer, dass der Schatz irgendwie von einer Falle geschützt wird. Und die hat mit den Ketten zu tun.«

»Ich weiß nicht«, sagte Bob. »Es klang gar nicht nach einer Falle. Es klang eher, als müsste man diese Königin aus einer verrückten Welt befreien.«

»Ja«, sagte Justus, »wo Nord Süd ist und Süd Nord! Wo die Sonne aufgeht, wenn sie untergeht. Was soll das bedeuten?«

Peter schüttelte sich. »Ich weiß nicht, ob ich das wirklich herausfinden will. Solche Welten machen mich eher misstrauisch.«

»Na gut, lasst uns wieder hochklettern«, schlug Justus vor. Er schaltete seine Lampe an und leuchtete vorsichtig über sich. Im nächsten Augenblick stieß er einen leisen Schrei aus. »Seht euch das an, Freunde! Da, an der Decke!«

Bob und Peter hoben die Köpfe. Und dann sahen sie es. Direkt über ihnen war eine Art riesige Spindel befestigt. Sie war dicker als der Balken, an dem sie heruntergerutscht waren, und ebenfalls aus Holz. Um diese Spindel waren mehrere Meter dicker Eisenkette gewickelt, deren Ende in einem Loch verschwand. »Was ist das?«, sagte Bob erstaunt. »So was habe ich noch nie gesehen!«

Doch Justus antwortete nicht. Er hielt Daumen und Zeigefinger fest an seine Unterlippe gepresst und hatte begonnen, diese heftig zu kneten. Dann wandte er sich plötzlich um. »Bob, Peter! Bevor wir nach oben zurückkehren, müssen wir erst einmal weiter nach unten«, sagte er eindringlich. »Ich habe einen Verdacht, um was es sich hier handeln könnte!«

Nord ist Süd und Süd ist Nord

Peter starrte Justus fassungslos an. »Du willst noch weiter nach unten? Warum?«

Justus ließ seine Unterlippe los. »Wenn ich recht habe, dann können wir dem Unbekannten vielleicht einen Schritt zuvorkommen.«

»Was hast du vor, Just?« Bob warf seinem Freund einen nachdenklichen Blick zu. »Willst du etwa auch diesen Schatz suchen?«

Justus nickte. »Zum Beispiel.«

»Aber, Just! Dieser fremde Kerl ist offensichtlich gefährlich«, widersprach Peter. »Er hat gedroht, uns auf dem Meer auszusetzen.«

»Dazu müsste er uns allerdings erst einmal haben!«, grinste Justus plötzlich. »Und wenn wir den Schatz zuerst finden, dann müsste er tun, was wir wollen.«

Peter nickte langsam. »Na gut, das sehe ich ein. Gut, Justus, wenn wir den Schatz finden, dann hätten wir wirklich etwas, um den Typ zur Vernunft zu bringen. Aber sag uns zuerst, was du denkst. Ich will nicht weiter im Dunkeln rumtappen.«

»Das wirst du gleich sehen, vermute ich.« Justus griff nach dem Seil und rutschte an dem Baumstamm abwärts. Peter und Bob folgten ihm. Wieder erreichten die drei ??? eine Art Kammer mit einem Loch in Decke und Boden, durch das der Stamm weiterführte. Kaum berührte Justus mit den Füßen den Boden, knipste er seine Lampe an. »Wenn ich richtigliege, dann müssen wir die Decke absuchen«, erklärte er. »Seht genau hin, ob ihr dort etwas Auffälliges bemerkt!« Langsam leuchtete Justus den Raum über ihnen ab. Der Lichtschein wanderte über dunkles Holz, dann blieb er plötzlich an etwas Grauem hängen.

»Da!« Bob deutete nach oben. Neben ihm trat Justus näher. »Was ist das?« Der Anführer der drei ??? hielt seine Lampe nun genau auf das Ding gerichtet, das sie entdeckt hatten.

»Das sieht aus wie eine Kanone!«, sagte Peter.

»Ja«, rief Bob. »Aber was macht die da?«

Die drei ??? starrten den Fund an. An der Decke des Raumes hing tatsächlich eine kleine Kanone aus Gusseisen. Sie war in einem Holzgestell angekettet, dessen vier kleine Räder nach oben gerichtet waren.

»Wo Nord Süd ist und Süd Nord«, flüsterte Justus. »Das könnte man auch übersetzen, wo oben unten und unten oben ist.«

»Was?« Peter fasste sich an die Stirn. »Du meinst, wir sind hier in einem Raum, wo jemand alles auf dem Kopf montiert hat?«

»Offensichtlich«, sagte Bob. »Diese Kanone da steht mit den Rädern nach oben.«

»Sie steht nicht, sie ist unter die Decke gekettet«, sagte Justus. »Wenn sie stehen würde, müsste der Raum andersrum sein. Und das genau, Freunde, denke ich, könnte des Rätsels Lösung sein.« Er deutete auf den langen Baum in der Mitte. »Ist euch aufgefallen, dass dieser Balken nach unten immer dünner wird?«

Bob nickte. »Normalerweise stellt man Balken mit dem dünneren Ende nach oben auf.«

»Genau«, sagte Justus. »Und wenn man jetzt eins und eins zusammenzählt, dann wirkt das hier alles um uns herum genau so, als stünde die Welt auf dem Kopf.«

»Aber warum?«, rief Peter. »Warum sollte jemand eine uralte Kanone falsch rum an die Decke hängen und einen Kletterbalken andersherum aufstellen, als man es normalerweise tut?«

»Ich glaube nicht, dass jemand die Dinge extra andersherum montiert hat«, sagte Justus. »Ich

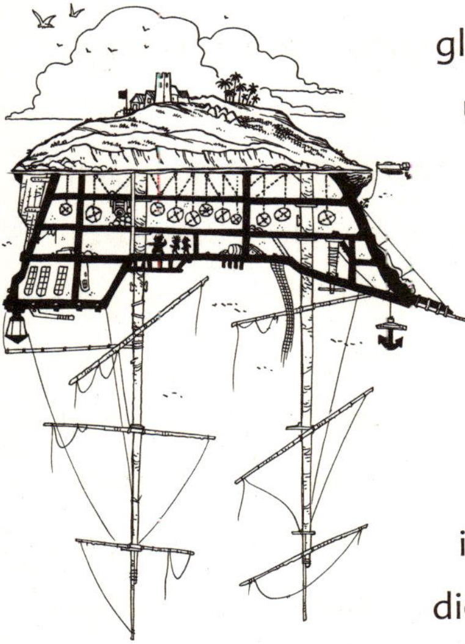

glaube vielmehr, dass wir uns in etwas befinden, das ganz und gar auf dem Kopf steht.«

»Und was soll das sein?«, fragte Bob verdutzt.

»Das, was der Dichter in seinen Aufzeichnungen die *Aurora* genannt hat«, flüsterte Justus. »*Aurora*, so hieß doch das Schiff von Pim Paul, dem Piraten. Und ich glaube, Freunde, wir befinden uns hier an Bord dieses Schiffes. Was wir vorhin gesehen haben, sah nämlich aus wie eine Ankertrommel. Nur, dass sie an der Decke befestigt war statt wie üblicherweise am Boden. Und warum auch immer, ich glaube, die *Aurora* steht auf dem Kopf. Denn dieser Balken, an dem wir uns die ganze Zeit entlangbewegt haben, ist aller Wahrscheinlichkeit nach kein Baum oder Kletterbalken, sondern es ist der Schiffsmast!«

Das Geheimnis von Pim Paul

»Der Mast des Piratenschiffes?« Mit großen Augen sah Peter den runden Holzbaum an. »Aber warum sollte ein Schiff auf dem Kopf stehen? Das ist vollkommen irrwitzig!«

»Ich weiß es auch nicht«, gab Justus zu. »Vielleicht ist es gekentert und dann so liegen geblieben.«

»Das glaube ich nicht«, meinte Bob. »Erstens wäre es dann schon längst zerfallen, und zweitens passt das nicht zu dem Rätsel, das wir vorhin gehört haben. Dort hieß es doch, dass diese Königin in Ketten liegt und erst dann wieder die Sonne erblickt, wenn die *Aurora* sich erhebt. Und das klingt so, als wäre die Königin absichtlich in diese Ketten gelegt worden.«

»Du meinst, es handelt sich um eine Art raffiniert ausgeklügeltes Versteck?«, meinte Justus. Dann nickte er. »Du hast recht, Bob, das ist eine ausgezeichnete Idee. Da hätte ich selber drauf kommen müssen.«

Peter sah auf. »Das würde dann aber wohl auch bedeuten, dass man diese Königin aus ihren Ketten befreien kann, oder?«

Auf Justus' Gesicht breitete sich ein Lächeln aus. »Genau! Und wenn wir annehmen, dass es sich bei den Ketten tatsächlich um die Ketten handelt, die wir vorhin gesehen haben, dann hieße das doch ...« Er hielt inne und sah Bob an.

»... dass man das Schiff wieder aufrichten kann«, vollendete Bob Justus' Gedanken.

Justus kratzte sich an der Hand und strahlte. »Genau! Genau das muss der rätselhafte Satz bedeuten: *Und erst wenn sie aus den Ketten befreit ist, wenn Aurora sich erhebt, wird Königin Calafia das strahlende Gold der Sonne wieder zu Gesicht bekommen.*«

»Du kannst den Satz auswendig? Aber du hast das doch vorhin nur einmal gehört!« Peter schüttelte verwirrt den Kopf. »Du sagst zwar immer, du hättest ein fotografisches Gedächtnis, aber dass du auch alles, was du einmal gehört hast, gleich auswendig kannst, ist mir neu.«

Justus grinste. »Dem ist auch nicht so. Ich habe mir lediglich vorhin, als wir das Rätsel gehört haben, ein paar Stichpunkte auf dem Handrücken notiert.«

Er hielt die Hand hoch, und Bob und Peter erkannten dort ein paar mit Kugelschreiber hingekritzelte Worte.

Peter seufzte erleichtert. »Ein Glück, Just! Wenn du auch noch so eine Art Erinnerungsgenie gewesen wärst, wäre es mir wirklich zu viel geworden.«

»Na, hör mal!« Justus ließ die Hand sinken. »Du solltest dich freuen, dass ich dein Leben als Detektiv mit meinen Fähigkeiten bereichere. Aber zurück zu unserem Fall. Die Frage lautet jetzt eindeutig: Wer ist diese Königin Calafia, wieso ist sie aus Gold, und wie können wir sie befreien?«

Bob sah seine Freunde aufgeregt an. »Vielleicht gibt es ja noch weitere Aufzeichnungen? Der Kidnapper hat gesagt, er hätte nur ein paar Seiten aus einem Tagebuch. Aber wenn jemand das alles hier geplant hat, dann könnte es doch dazu noch irgendwelche Hinweise geben. Oder den Rest des Tagebuchs?«

»Und wo soll der sein?«, fragte Peter ratlos.

»In der Kapitänskajüte«, schlug Justus vor.

»Und wo soll *die* sein?«, rief Peter. »Ich weiß hier nicht mal, wo oben und unten ist.«

Bob überlegte. »Angenommen, das Schiff steht wirklich auf dem Kopf, dann müsste sie ziemlich weit unten sein. Bei solchen großen alten Segelschiffen lag sie meistens nahe am Heck und ziemlich weit oben.«

Peter schluckte. »Also müssen wir noch weiter abwärts.«

»Und wenn es am Ende der Welt wäre, dieses Rätsel gilt es zu lösen«, rief Justus. »Mit so etwas Geheimnisvollem haben wir es noch nie zu tun gehabt!«

»Ja«, seufzte Peter. »Trotzdem finde ich es nicht gerade angenehm, irgendwo unter dem Meeresspiegel in einem wer weiß wie alten und brüchigen Piratenschiff rumzukriechen.«

»Peter«, beschwor ihn Justus, »wenn das Schiff absichtlich so verankert wurde, dann hält es dem Wasser schon sehr lange stand. Folglich ist es auch sicher!«

Peter presste die Lippen zusammen. »Ich komme ja mit, Just. Schließlich will ich meinem Vater helfen. Dann aber auch los jetzt. Je länger wir hier unten sind, desto mulmiger wird mir nämlich.«

Die drei ??? machten sich auf den Weg und rutschten am Mastbaum weiter nach unten. Und wirklich wurde der Mast Deck für Deck dünner.

Und das war nicht der einzige Hinweis darauf, dass ihre Idee richtig war. Obwohl die Räume, durch die sie kamen, nahezu leer waren, entdeckten sie einmal einen festgeschraubten Stuhl an der Decke. Außerdem lagen alle Türen, die sie sahen, mit der Schwelle unter der Decke.

»Ich komme mir vor wie in einem Gruselkabinett«, meinte Bob.

»Und ich wäre dir dankbar, wenn du das für dich behalten könntest«, zischte Peter.

Schließlich ging es nicht weiter abwärts. In der letzten Kammer steckte der Mast fest in einem Holzboden. Dort, wo er wahrscheinlich nach außen verschwand, war eine dicke Schicht Teer um ihn geschmiert.

»Wir müssen jetzt auf der Unterseite des obersten Decks stehen«, sagte Justus. »Seht nur, hier ist das Loch sehr sorgfältig kalfatert.«

»Kal-*was*?«, fragte Peter.

»Abgedichtet, wasserdicht gemacht«, erklärte Justus. »Das ganze Schiff muss so behandelt worden sein. Es ist wie eine Luftblase.« Er legte ein Ohr an die Schiffswand. »Ich glaube, ich kann sogar den Ozean hören.«

»Na super!« Peter zog seine Freunde mit sich. »Kommt weiter!«

Die drei ??? entfernten sich vom Mast und durchquerten den Raum in die Richtung, in der ihrem Gefühl nach das Heck des Schiffes liegen musste. Sie stiegen durch mehrere Türen, die zum Glück nicht allzu hoch lagen, und waren gerade dabei, durch die nächste Tür zu klettern, als Justus innehielt.

»Was ist?«, wollte Peter wissen.

»Da!« Justus streckte sich und richtete den Strahl seiner Taschenlampe in die Höhe. Es reflektierte hell zurück.

»Was ist das?« Neugierig beugte Bob sich vor. Dann blieb ihm der Mund offen stehen. Sie hatten offensichtlich die Kapitänskajüte gefunden. An der Decke des Raums glänzte ein prächtiger Perserteppich, auf dem ein uralter Schreibtisch befestigt war, der mit der Tischplatte nach unten zeigte. Die mittlere Schublade stand offen. Ansonsten war die Kajüte leer. Lediglich rund um den Teppich war der Boden mit Farbsprengseln bedeckt. Außerdem herrschte ein schimmerndes Licht, fast wie in einem Aquarium, nur strahlender und bunter.

»Freunde!«, stieß Bob hervor. »Das ist ja nicht

zu glauben!« Justus nickte stumm. Das Licht rührte von einem großen Fenster aus Buntglas, das die gesamte hintere Breite der Kajüte einnahm. Das Fenster leuchtete golden und blau in verwirrenden Mustern. Darüber hinaus waren viele bunte Punkte in die Fläche eingestreut, und dahinter bewegte sich undeutlich der Ozean.

»Das ist wirklich schön!«, murmelte Peter ergriffen, der seine Furcht vergessen zu haben schien. »Was ist das? Eine Seekarte? Oder ein Sternenhimmel?«

»Nein, Freunde!«, sagte Justus plötzlich. »Ich glaube, das ist die Königin!«

»Aber ich sehe keine Königin«, sagte Bob. »Nur ein buntes Fenster.«

»Ja«, sagte Justus, »weil Nord Süd ist und Süd Nord.« Er deutete auf die Scheibe. »Aber schaut mal, da unten im dunkleren Teil, die goldene Kugel auf der seltsam gezackten Vase, aus der so eine Art Algenteppich zu wehen scheint. Ich glaube, das ist ein Kopf mit einer Krone. Und der Algenteppich ist

das Haar. Ihr müsst es euch nur andersherum vorstellen!«

Bob und Peter verdrehten die Köpfe. Und plötzlich wurde ihnen klar, was sie sahen. Auf der riesigen Fensterscheibe war tatsächlich eine Figur dargestellt. Nur, dass sie auf dem Kopf stand. Wenn man es erst einmal begriffen hatte, war es ganz einfach. Mitten in einem Meer aus blauem Glas, in dem Wellen und Muster aus bunten Glasstücken schimmerten, stand eine große Frau in einem weiten Mantel, mit einer Krone auf dem Kopf und langem, wehendem Haar. Sie schimmerte so hell, als wäre sie aus purem Gold gemalt.

»Königin Calafia«, sagte Justus ergriffen. *»Golden ist ihr Anblick! Golden sind ihre Glieder! Sie selbst ist aus Gold von liebender Hand erschaffen! Die schönste der Königinnen!* Jetzt müssen wir nur noch herausfinden, was das bedeutet.«

Er kletterte durch die Tür in die Kajüte, und Bob und Peter folgten ihm. Plötzlich bückte sich Bob.

»He, seht mal, hier liegt tatsächlich ein Tagebuch.« Direkt unter der offenen Schreibtischschublade lag ein gewaltiges, ganz in Leder gebundenes Buch auf der Erde. Bob hob die gewichtige Schwarte hoch. *Pim Paul* stand in goldenen Lettern darauf.

Bob schlug es auf und betrachtete die erste Seite. Dann blätterte er um. Doch die nächsten Seiten waren herausgerissen, und als Bob sah, was dahinter kam, blickte er seine Freunde enttäuscht an.

In der Falle

»Was ist denn?«, drängte Peter.

Auch Justus sah Bob an. »Kannst du die Schrift nicht lesen? Alte Handschriften sind manchmal wirklich schwer zu entziffern.«

Aber Bob schüttelte den Kopf. »Auf der ersten Seite steht …« Er blätterte zurück und las vor: »*Dies ist das Buch von Pim Paul, zu Ehren seiner Königin Calafia, vollendet Anno Domini 1729.* ›Anno Domini‹ ist lateinisch und bedeutet ›im Jahre des Herrn‹«, erklärte er. »Aber dann kommen nur noch Zeichnungen und ein paar einzelne Worte und Zahlen.«

»Was?« Justus beugte sich näher. »Das sieht ja aus wie das Skizzenbuch eines Malers.«

»Maler? Ich denke, es geht um einen Schatz, um Gold und Diamanten. Langsam verstehe ich gar nichts mehr«, rief Peter.

»Moment mal!« Justus tippte mit dem Finger auf eine der Skizzen. »Ist das nicht dasselbe Bild wie auf der Glasscheibe?«

Bob nickte. »Stimmt, die große Figur.«

»Na und?«, meinte Peter. »Vielleicht hat dieser Piratenkapitän Langweile gehabt und das Fenster abgezeichnet.«

»Vielleicht«, sagte Justus. »Aber sieh mal: Da steht *Krone und 200 Stücke.*« Er trat näher an das dicke Glas und richtete den Strahl seiner Lampe darauf. Dann legte er einen Finger gegen die Krone und rieb daran herum. Plötzlich drehte er sich um. »Was wäre, Freunde, wenn nicht erst die Scheibe und dann die Skizze da gewesen wäre, sondern umgekehrt?«

»Du meinst ... dieser Pirat war ein Maler?« Bob holte Luft. »Das würde die Skizze erklären.«

»Ja«, nickte Justus. »Und jetzt seht euch die Scheibe einmal genau an. Diese goldene Farbe und die geschliffenen Steine, die diese Wellenmuster hier bilden ...«

Bob zuckte zusammen. »Just, das ist ein genialer Gedanke. Ein Pirat, der ein Künstler war, natürlich!«

»Und?«, fragte Peter. »Was ist daran so besonders?«

Justus lächelte. »Ganz einfach, Peter. Pim Paul hat seine Beute nicht vergraben oder auf die sonst übliche Weise versteckt, sondern sie in das Bild hier in der Fensterscheibe eingearbeitet. *200 Stücke* bedeutet bestimmt die Anzahl der Goldstücke, die er für die Krone eingeschmolzen und als Farbe verwendet hat! Das würde auch erklären, warum der Schatz nie gefunden wurde.«

»Und es löst auch das Rätsel«, sagte Peter.

»Allerdings!«, erklang in diesem Moment eine Stimme hinter den drei ???. Dann brach jemand in dröhnendes Gelächter aus. »Ich hatte doch die ganze Zeit das Gefühl, dass es hier blinde Passagiere an Bord gibt.«

Die drei ??? fuhren herum. Vor ihnen stand ein junger Mann, der sie böse anstarrte. »Da muss man erst mal drauf kommen«, knurrte er jetzt. »Ich ha-

be die ganzen Kritzeleien in dem Buch nicht verstanden. Deswegen habe ich nur die Seiten mit dem Rätsel rausgerissen.«

»Sie haben ein kostbares Dokument zerstört«, fauchte Bob.

»Na und? Dafür habe ich offensichtlich einen noch viel kostbareren Schatz gefunden!« Er lachte höhnisch. »Oder eigentlich ihr, aber das interessiert am Ende niemanden mehr. Ihr seid nicht dumm. Aber zum Glück habe ich euch noch rechtzeitig erwischt.« Der Mann betrachtete das Bild. »Jetzt ist alles klar. *Golden ist ihr Anblick! Sie selbst ist aus Gold, von liebender Hand erschaffen!* Das bedeutet ja wohl, dass dieser verliebte Seeräuber seine angebetete Königin aus echtem Gold gemalt hat. Ein Künstler, wie rührend! Tja, dann werden wir mal dafür sorgen, dass auch der Rest des Rätsels in Erfüllung geht!«

Justus sah den Gangster an. »Sie meinen, *wenn das Land im Meer versinkt und Aurora sich erhebt, wird Königin Calafia das strahlende Gold der Sonne wieder zu Gesicht bekommen?*«

»Natürlich«, grinste der Mann. »Nur, dass mein Gesicht bestimmt noch strahlender leuchten wird!« Er kicherte hämisch. »Und für diesen Teil ist euer Trickspezialist zuständig, den ich mir geschnappt habe. Mr Shaw war nämlich so freundlich, das Geheimnis der Kettenmechanik für mich zu ergründen. Es ist wirklich eine beachtliche Maschinerie, Gewichte und Gegengewichte, Ankerketten und Zahnräder. Wirklich erstaunlich, wozu diese primitiven Seefahrer damals schon in der Lage waren. Aber jetzt muss ich mich verabschieden! Wer weiß, ob das alles wirklich so funktioniert, wie dieser Kapitän es sich vorgestellt hat. Es wird besser sein, ich verlasse das Schiff für das kleine Experiment. Es reicht ja, wenn *ihr* euch der Gefahr aussetzt!« Der Mann wandte sich um.

»Wer sind Sie?«, rief Peter.

Der Mann zuckte die Schultern. »Ich sollte die Insel vermessen für die Computer-Animation später im Studio. Tja, dabei bin ich mit meiner Hai-Kamera auf das Schiff hier gestoßen. Erstaunlich, nicht wahr? Da denkt man, man hätte es mit einer Insel zu tun, und dann entpuppt sie sich plötzlich als ein versunkenes Schiff auf dem Bauch.«

»Und jetzt, in der Stunde der Gefahr, verlässt die Ratte das sinkende Schiff«, sagte Peter plötzlich wütend.

Der Mann sah ihn an. »Glaub bloß nicht, du könntest mich provozieren, Bürschchen. Ich lasse euch hier unten, damit ihr Mr Shaw helft, die Mechanik zu bedienen. Er wird schon auf euch aufpassen. Ich ziehe mich solange auf euer Motorboot zurück. Und damit ihr nicht auf dumme Gedanken kommt: Ich habe das Schiff mit ein paar der ferngesteuerten Sprengladungen aus dem Trick-Arsenal von Mr Shaw präpariert. Bemüht euch gar nicht erst, sie zu finden. Wenn ihr also versuchen solltet, zu entkommen oder mir ein Schnippchen zu schlagen, lasse ich euch sofort auf Grund laufen – und zwar ohne Rettungsboot. Wenn ihr euch dagegen anständig benehmt, könnt ihr später auf der Insel auf die Rückkehr der Filmcrew warten.«

Der junge Mann sah die drei ??? warnend an und kletterte dann durch die Tür zurück. »Mr Shaw wartet schon auf euch«, rief er noch. Dann verklangen seine Schritte.

Nord wird Nord

Kaum war der Gangster weg, hörten die drei ??? die Stimme von Peters Vater: »Jungs, ich bin hier drüben. Jack Wolfe hat mich hier angebunden. Ihr müsst mir helfen.«

So schnell sie konnten, kletterten sie aus der Kapitänskajüte. Mr Shaw war mit dicken Seilen an den Mast gebunden. Doch zum Glück gelang es den Freunden rasch, seine Fesseln zu lösen.

»Wer ist dieser Jack Wolfe?«, fragte Justus.

»Ein junger Computer-Experte«, erklärte Peters Vater.

»Um es später im Film so aussehen zu lassen, als würde die Insel explodieren, muss sie zuvor genau vermessen werden. Dazu hat er die Hai-Kamera benutzt. Ein alter Scherz von uns, wenn wir Unterwasseraufnahmen machen. Ich verstehe nur nicht, was er sucht?«

Die drei ??? erklärten ihm, was sie herausgefunden hatten.

»Aber was hat es mit diesen Ketten auf sich?«, fragte Bob im Anschluss.

Justus sah Mr Shaw an. »Vermute ich zu Recht, dass es sich um einen Mechanismus handelt, der das Schiff wieder richtig herum dreht?«

Peters Vater nickte. »Sehr gut, Justus. Das ist es tatsächlich. Eine ausgesprochen klug angelegte Anlage.«

»Können wir sie irgendwie dazu benutzen, hier wieder rauszukommen?«, fragte Bob.

Mr Shaw schüttelte den Kopf. »Ich wüsste nicht, wie.«

»Aber wir müssen uns befreien und verhindern,

dass dieser Gangster sich die Königin unter den Nagel reißt?«, rief Peter.

»Zuerst einmal müssen wir die Mechanik in Gang setzen«, meinte Bob. »Sonst sprengt dieser Jack das Schiff in die Luft.«

»Na ja«, beruhigte ihn Mr Shaw. »Er kann ein Loch verursachen. Aber wenn wir uns weit genug weg von der Sprengladung befinden, kann uns eigentlich nichts passieren. Schlimmstenfalls werden wir uns ein Floß aus einigen Balken bauen müssen.«

»Aber durch die Sprengung gerät das Kunstwerk in Gefahr«, beharrte Bob. »Und es wäre eine Schande, das zu verlieren.«

Mr Shaw nickte. »Gut, wir müssen ein Stück nach oben klettern und dort dann gleichzeitig vier Pendel in Bewegung setzen. Auf diese Weise wird der Mechanismus in Gang gesetzt. Am Ende wird das Schiff dann eine Rolle schlagen und sich aufrichten. Die Idee ist wirklich genial, sie ist eines Leonardo da Vinci würdig!«

»Uns ist schon aufgefallen, wie vorzüglich das

gesamte Schiff abgedichtet ist«, sagte Justus. »Nicht ein Tropfen Wasser ist eingedrungen. Dieser Pim Paul war ein Meister seines Fachs!«

In diesem Moment rauschte über ihnen ein Motorboot durchs Wasser. Dann drang die Stimme von Jack Wolfe durch ein Megafon. »Wird's bald, da unten! Ich gebe euch fünf Minuten. Wenn der Kahn dann nicht flott ist, lasse ich Mr Shaws Bombentricks sprechen!« Er lachte rau.

Besorgt sah Peter seine Freunde an. »Kommt, lasst uns loslegen!«

Justus lächelte. »Ich bin wirklich gespannt, wie sich das gleich anfühlen wird. Und wenn wir den Mechanismus bedient haben, habe ich auch schon eine Idee, was wir mit dem Gangster machen. Ich finde, es ist eine gute Sache, ein paar von den Tricks deines Vater sprechen zu lassen, Peter!«

Die drei ??? und Mr Shaw kletterten am Mast nach oben. Im vorletzten Deck verteilte der Trickspezialist die Freunde an drei schwere Ketten, an deren Ende jeweils ein gewaltiger Felsbrocken

hing. »Auf drei setzt ihr die Pendel in Bewegung. Sie müssen alle gleichzeitig Richtung Bordwand geschwungen werden.« Mr Shaw selbst legte die Hände auf einen vierten Stein. Dann holte er Luft. »Eins, zwei, drei …«

Jeder der drei ??? lehnte sich mit seinem ganzen Gewicht gegen seinen Felsbrocken. Mr Shaw tat dasselbe. Langsam setzten sich die schweren Gewichte in Bewegung. »Schaukelt sie kräftig!«, rief Peters Vater. Die drei ??? schoben mit aller Kraft.

»Tretet jetzt zurück!«, rief Mr Shaw. »Seht ihr die Eisengriffe unter euch? Die muss Kapitän Paul extra dort angebracht haben. Haltet euch daran fest, sobald das Schiff sich dreht. Ihr werdet dann beim Umschlag an der Decke hängen, euch aber nicht verletzen!«

Die drei Freunde sahen sich an. Atemlose Stille breitete sich aus. Nur die schweren Steinbrocken schwangen ruhig hin und her. Dann durchzog die *Aurora* plötzlich ein leises Stöhnen. Es klang, als würde ein uraltes Lebewesen nach langer Zeit zum ersten Mal wieder Luft holen. Die schweren Steine pendelten jetzt schneller. Plötzlich folgte ein lang gezogenes Quietschen, gefolgt von einem schweren Ächzen, und im nächsten Moment begann der Schiffskörper, sich zu drehen. Der Boden hob sich langsam zu einer Seite, dann fiel er genauso langsam zurück und hob sich nun in die andere Richtung.

»Puh«, keuchte Bob, der sich an seine Haltegriffe klammerte. »Jetzt weiß ich, woher das Wort Schiffsschaukel kommt!«

Justus nickte stumm und hielt sich ebenfalls gut fest. Auch Peter und sein Vater hockten auf dem Boden und hielten ihre Griffe umklammert. Wieder schaukelte das Schiff, und wieder ächzte es tief und qualvoll. Im nächsten Moment ertönte ein lautes Krachen.

»Was war das?«, rief Bob.

»Der untere Teil des Schiffes, der zur Insel verlandet ist, muss sich gelöst haben«, sagte Justus. »Die Muschelbänke reißen ab. Freunde, das ist unglaublich! Wir sind gerade bei der ersten mechanischen Rückkenterung aller Zeiten dabei!«

Peter rollte gequält mit den Augen. Aber natürlich hatte Justus recht. Im nächsten Moment hob sich die *Aurora* weit in die Höhe, dann schwang sie mit einer großen Bewegung um. Die drei ??? wurden an den Haltegriffen durch die Luft geschleudert. Einen Augenblick später befanden sich die Griffe, die eben noch am Boden gewesen waren, an der Decke, und die drei ??? hingen mit den Füßen nach unten. Genauso erging es Mr Shaw.

Justus blickte sich um. »Das Schiff scheint zu halten!«, rief er.

Wirklich lag die befreite *Aurora* ruhig auf dem Ozean. Die schweren Steine hatten ausgependelt und lagen nun auf dem Boden. Justus ließ seine Griffe als Erster los und landete sicher auf den Füßen. Er deutete über sich. »Wir müssen an Deck. Schnell, bevor der Gangster doch noch drauf kommt, Unheil zu stiften.«

Peters Vater nickte. Dann sah er Justus an. »Hast du wirklich einen Plan?«

Der Anführer der drei ??? lächelte. »Eigentlich ist es Ihr Plan, Mr Shaw. Aber wenn Sie gestatten, werde ich ihn jetzt erklären. Denn jetzt, wo Nord wieder Nord und Süd wieder Süd ist, darf dieser Gangster Jack Wolfe nicht ungeschoren davonkommen. Das einzige Problem dabei ist, dass er immer noch die Sprengladungen fernsteuern kann. Und das müssen wir auf alle Fälle verhindern!«

Piratenehre

Als die drei ??? kurz darauf an Deck der *Aurora* erschienen, bot sich ihnen ein überwältigender Anblick. Das Deck des alten Windjammers war über und über mit Muscheln übersät, zwischen denen in langsamen Strömen das Meerwasser ablief. Dazwischen ragte der Mast nur noch als kurzer Stumpf auf, aber ansonsten war das Schiff gut erhalten. Jetzt war deutlich zu erkennen, dass die gesamte Außenwand mit einer dicken Teerschicht überzogen war, die das Holz über die lange Zeit geschützt hatte. Shark Island dagegen war nur noch halb so groß wie vorher. Die gesamte Klippe, die der Rumpf der *Aurora* gewesen war, war verschwunden. Übrig blieben nur noch der kleine Palmenhain, das Kulissendorf und der schmale Sandstreifen. Auch die sieben Felsen waren im Meer versunken.

»Sie müssen ein Teil der Mechanik gewesen sein«, sagte Bob. Doch ehe einer seiner Freunde etwas antworten konnte, brauste das Motorboot heran. Am Ruder stand Jack Wolfe. Im hellen Sonnenlicht erkannten die drei ???, dass er ein wirklich sehr junger Mann war. Er hatte blondes, kurz geschnittenes Haar und trug ein freches Grinsen im Gesicht. »Na, dann habt ihr es ja überlebt«, kreischte er, während er die *Aurora* umrundete. Hinter dem Heck drehte er eine scharfe Kurve.

»Wahnsinn!«, rief er. »Das Fenster ist der Oberhammer. Pures Gold! Wie das glitzert. Und wisst ihr was, ihr Schlauberger, die bunten Steine sehen doch aus wie Diamanten! Das Ding ist bestimmt Millionen wert. Okay, das werdet ihr mir jetzt ausbauen und hier an Bord bringen. Ihr könnt es auch einfach in seine Einzelteile zertrümmern. Mir reichen das Gold und die Edelsteine. Auf den Anblick der blöden Königin lege ich keinen Wert.«

»Die blöde Königin heißt Königin Calafia«, rief Justus vom Deck. »Ganz nebenbei ist sie die Namensgeberin Kaliforniens. Und darüber hinaus denke ich nicht, dass dieses einzigartige Symbol wirklich in deine Hände gehört, Jack Wolfe.«

»Ach, papperlapapp. Halt einfach den Mund und tu, was ich dir sage. Oder hast du schon vergessen, dass ich unter deinem dicken Hintern ein paar niedliche Sprengladungen angebracht habe?«

»Aber nein, überhaupt nicht«, rief Justus gelassen und hob plötzlich eine Hand in die Höhe. Darin hielt er ein Bündel, das wie einige Kabelenden aussah. Dann hob er die andere Hand, in der er ein weiteres, ganz ähnliches Bündel hielt. »Weißt du, Jack, wir haben uns erlaubt, die Verbindungskabel zu den Sprengladungen zu kappen und neu zu verdrahten. Und du kannst dir ja sicher vorstellen, was passiert, wenn ich diese Kabelenden jetzt zusammenbringe?«

»Was?« Der blonde junge Mann starrte Justus entsetzt an. »Wie habt ihr das geschafft?«

»Das war nicht schwer«, rief Peters Vater. »Du hattest die Kabel einfach zu schlecht verlegt. Ich hatte leichtes Spiel.« Leise sagte er zu Peter und Bob: »Ich hoffe nur, er merkt nicht, dass die angeblichen Kabel, die Justus da in der Hand hält, nur unsere Schnürsenkel sind.«

Doch der Trick schien zu funktionieren. »Aber ihr habt keinen Strom«, bellte der Gangster. »Den habe nur ich in der Fernbedienung!«

»Ach nein?«, rief Peter. Dann hielt er seine Taschenlampe in die Höhe. »Wir haben drei Lampen mit frischen Batterien. Das reicht allemal. Und zwei sind schon angeschlossen!«

Jack Wolfe wurde bleich.

»Ja, Jack«, nickte Justus jetzt. »Mr Shaw war außerdem so freundlich, einige der Ladungen direkt an der Scheibe anzubringen. So, dass sie nach außen zersprengt wird. Und auch, wenn Scherben Glück bringen sollen, müsstest du schon ziemlich tief tauchen, um dir die Einzelteile wieder aus dem Ozean zu fischen.«

»Das wagt ihr nicht!«, brüllte Jack plötzlich. »Ihr liebt doch dieses kitschige Kunstwerk. Ihr würdet es nie vernichten. Das traut ihr euch doch gar nicht!«

»Oh doch, das ist immer noch besser, als es einem geldgierigen Blödmann zu überlassen«, höhnte Bob.

»Gut so«, flüsterte Justus. »Gleich flippt er aus! Und dann folgt der zweite Teil des Plans. Peter, du musst ihm den letzten Stachel setzen, damit er auch wirklich *dich* verfolgt. Bob und ich übernehmen das Crashfenster. Du führst ihn dann aufs Glatteis. Er darf keine Sekunde lang an seine Fernsteuerung denken. Erst wenn wir die haben, ist Königin Calafia außer Gefahr! Mr Shaw, sind Sie bereit, die Ladungen zu entschärfen?«

»Ich schätze, ich brauche zehn Minuten«, murmelte Peters Vater.

Justus warf Peter einen Blick zu. »Also, los jetzt!«

Peter nickte unmerklich. Dann rief er Jack Wolfe zu: »Tja, Jack, es sieht ganz so aus, als hättest du dir die ganze Mühe umsonst gemacht. Jetzt wirst du nicht nur keinen Schatz bekommen, sondern auch noch deinen Job beim Film verlieren. Pech gehabt! Aber da sieht man mal, wohin Gier und Dummheit führen.«

Das war zu viel für den blonden Jack. Mit einem Aufschrei rammte er den Gashebel des Motorbootes nach vorne und jagte es mit schäumender Bugwelle auf die *Aurora* zu. »Okay, ihr Bengel, glaubt nicht, ich ließe mich von euch fertigmachen!«

»Ach, Jack«, rief Peter und kletterte auf die Reling, »du bist nicht nur ein geldgieriger Versager. Du bist auch ein Feigling. Du würdest dich nie einem Kampf Mann gegen Mann stellen! Ich aber, Peter Shaw, fordere dich zum Zweikampf heraus, du Memme.« Peter schluckte. »Oh Mann, hoffentlich war das nicht zu viel«, flüsterte er.

»Nein, das war genau richtig«, zischte Justus und stieg neben seinem Freund auf die Reling. Er sah hinunter auf die Insel. Direkt unter ihnen lag eine weiche Sandfläche. Als Letzter kletterte Bob zu seinen Freunden.

Peter lachte hell. »Du hast einfach keine Ehre im Leib, Jack. Jeder echte Pirat besaß davon tausendmal mehr als du Weichei!«

Dann sprangen die drei ??? ans Inselufer.

Hinter ihnen raste Jack auf sie zu. »Das werdet ihr mir büßen!«, brüllte er außer sich.

Showtime

Mit einem dumpfen Schlag setzte das Motorboot am Ufer auf. Gleichzeitig rannten die drei ??? los. Mochte Jack Wolfe auch feige sein, langsam war er nicht. Mit großen Sätzen jagte er den Freunden nach.

»Er holt auf«, keuchte Bob. Justus schwieg. Der Anführer der drei ??? rannte verbissen. Sein Plan hing davon ab, dass sie die Falle, die er im Kopf hatte, vor Jack erreichten. Justus sah nach vorne. Noch fünfzig Meter …

Hinter ihnen drang der Atem ihres Verfolgers heran. »Wartet nur, Bürschchen, gleich seid ihr dran.«

Endlich tauchte vor den drei ??? die falsche Kirchenwand mit den beiden Fenstern auf. Bob und Justus steuerten auf das Crashglas-Fenster zu. »Peter!«, keuchte Justus. »Jetzt!« Peter machte einen Schritt nach links und rannte in Richtung des zweiten Fensters.

Hinter ihnen brüllte Jack. »Glaubt bloß nicht,

dass mich das abhalten kann. Ich weiß genau, dass das nur Zuckerglas ist!« Er streckte die Arme nach Peter aus. »Und dich kriege ich zuerst!«

Im nächsten Moment sprangen Justus und Bob in die Luft. Wie zwei menschliche Kanonenkugeln flogen sie auf das Fenster zu. Dann brachen sie durch das Glas.

»Wahnsinn!«, brüllte Justus. Es war, als flöge er durch eine richtige Scheibe und sei unverletzlich. Das Fenster krachte und splitterte, aber die Scherben taten nicht weh. Sie fühlten sich stumpf und ungefährlich an und regneten fast wie bunte Bonbons auf Justus und Bob nieder.

Jetzt war Peter am Zug. »Du bist nur ein Großmaul, Jack!«, rief er. Er war noch anderthalb Meter von der zweiten Scheibe entfernt. Da spürte Peter plötzlich, wie Jacks Hand nach ihm griff. Er musste handeln! Blitzschnell schlug er einen Haken, bremste abrupt und drehte sich dabei zur Seite, sodass sich sein Verfolger im nächsten Moment alleine vor dem zweiten Fenster wiederfand.

Jack Wolfe riss die Augen auf. Aber es war zu spät. Mit voller Wucht rannte er in das zweite Kirchenfenster. Und dieses war nicht aus Crashglas, sondern aus hochelastischem Gummi. Statt zu splittern, legte sich die Scheibe knisternd wie eine dünne Haut um den Gangster und hüllte ihn ein.

»Was ist das?«, fluchte Jack.

»Rein mit ihm in die Gummizelle«, keuchte Justus, der sich wieder aufgerappelt hatte und auf die Gummiwulst zustürzte. Gemeinsam mit Bob packte er zu und hielt Jack, der wie eine Wurst in der Pelle saß, mit aller Kraft umklammert. Hinter ihnen tauchte Peter auf. Er zog seinen Gürtel aus der Hose und band geschickt die Gummiplane hinter den Füßen von Jack Wolfe zusammen. In der Gummiwurst tobte und schrie der Gangster.

»Er hat noch immer die Fernsteuerung in der Tasche«, flüsterte Justus. »Wir dürfen ihm keine Ruhe gönnen, bevor Mr Shaw nicht die Ladungen entfernt hat. Los, Leute! Jack muss beschäftigt werden, sonst geht die *Aurora* unter!«

In der Gummihaut strampelte es. »Lasst mich hier raus! Das zahle ich euch heim!«

Die drei ??? packten den Gangster, so fest sie konnten. »Los, rüber zum Spezialmast für die Fechtszenen«, flüsterte Justus. »Da binden wir ihn an, und dann schicken wir ihn in seinen ganz persönlichen Piratenfilm!« Mit vereinten Kräften schleiften sie Jack zu dem Mast, an dem die vier Taue befestigt waren.

In diesem Moment kam Mr Shaw angelaufen.

Er winkte aufgeregt und hielt einige Klumpen einer grauen Masse in der Hand. »Ich habe alle Ladungen gefunden, die *Aurora* ist sicher!«, wisperte er den drei ??? zu.

Justus, Peter und Bob sahen sich freudestrahlend an. »Dann ist jetzt Showtime, Freunde!«, sagte Justus leise und nickte der Gummiwurst vor ihren Füßen zu.

Wenige Minuten später hing Jack Wolfe an den Füßen wie ein Schmetterlingskokon an einem dicken Tau in der Luft und strampelte wie wild mit den Beinen. »Lasst mich hier raus! Lasst mich frei! Ich werde euch alle anzeigen!«

»Was ist das denn für ein Theater?«, erklang plötzlich eine seltsam verzerrt klingende Stimme neben ihm.

Jack verstummte. »Wer ist da?«, rief er verwirrt. »Wer hat da gesprochen?«

Eine Hand schnitt die Gummiplane an seinem Kopf auf, sodass diese sich auch um den Rest seines Körpers lockerte. Doch kaum lugte Jacks Nase

ins Freie, hätte er sie am liebsten wieder zurückgezogen. Um ihn herum wallte dichter Nebel. Und mitten in diesem unheimlichen Nebel stand eine finstere Gestalt. Sie war klein und breit, hatte wildes, verworrenes Haar, das fast wie ein Bündel Seetang aussah und auch so roch. Um die Schultern trug sie einen *Jolly Roger*, eine Totenkopf-Flagge, und ihre Stimme klang rau, alt und brüchig.

»Was willst du hier, Landratte?«, fragte das Wesen.

Jack schluckte. Dann brüllte er plötzlich. »Glaubt

nur nicht, dass ihr mich reinlegen könnt. Das sind doch alles nur Tricks, fauler Zauber.«

»Fauler Zauber?«, ächzte das Wesen. »Du wolltest meine Königin rauben. Dafür wirst du über die Planke gehen! Und dann lasse ich dich kielholen und schicke dich zu den Haien.«

»Ha!«, rief Jack. »Hier gibt es überhaupt keine Haie! Und außerdem ist es nicht verboten, einen Schatz zu finden! Ich bringe dich zur Polizei. Das ist Freiheitsberaubung.«

»Hört, hört«, sagte die Gestalt. »Du willst meinen Schatz? Nun denn, dies sind die Schätze, die wir dir geben wollen: scharfe Schwerter und die Spitzen unserer Speere! Denn meine *Aurora* ist mein Reichtum! Und mein Gesetz ist mein Begehr. Mein Gott der Wind, mein Reich die Freiheit, mein einzig Vaterland das Meer. Ich bedaure, dich hier zu sehen, Jack, aber wenn du wie ein Mann gekämpft hättest, müsstest du jetzt nicht wie ein Hund hier hängen!«

Im selben Moment setzte sich das Tau, an dem

Jack baumelte, in Bewegung. Wie an einem Karussell drehte es sich schneller und schneller, und Jack flog durch die Luft. Die Gestalt zog ein Schwert heraus und hielt es Jack unter die Nase. Unmittelbar darauf folgten zwei Piratensäbel. »Schwöre dem Unrecht ab, oder ich werde dich unter Wasser ziehen, hinab zu den Fischen und in die Finsternis!«, rief der seltsame Pirat.

Jack strampelte verzweifelt. »Lass mich sofort runter«, keuchte er. Dann wurden seine Augen schmal. »Lass mich runter, oder ich lasse es dich teuer bezahlen!« Plötzlich zog er seine Fernbedienung aus der Tasche. »Sieh mal, was ich hier habe. Vielleicht funktioniert sie ja noch. Vielleicht habt ihr ja gar nicht alle Ladungen gefunden?« Er kicherte hämisch. »Na, lassen wir es darauf ankommen, ihr Bürschchen?«

»Bürschchen?«, raunte die Gestalt in der Totenkopf-Flagge. »Wie sprichst du mit mir, Kerl? Glaubst du wirklich, du könntest mir mit einem Stück Kohle in der Hand Angst machen?«

»Das ist kein Stück Kohle«, brüllte Jack. »Das ist eine Fernsteuerung für Explosivstoffe. Und das weißt du genau!«

»Fernsteuerung, ha, was für ein lumpiges Wort!«, rief die Gestalt. »Das Steuer habe immer noch ich in der Hand. Und du friss dein Stück Kohle, wenn es dir Vergnügen bereitet!«

»Jetzt reicht es!« Jack, der immer noch durch die Luft wirbelte, packte seine Fernsteuerung fester und drückte auf einen Knopf. Im selben Moment krachte und rumste es rund um ihn herum, dass ihm Hören und Sehen verging. »Hilfe!«, brüllte der blonde Jack. Um ihn herum fiel das ganze Piratendorf zusammen, und eine mächtige Dampfwolke schoss durch den Nebel auf Jack zu.

»Hoho!«, rief die Piratengestalt laut. »Ein paar lausige Bömbchen? Und damit wolltest du Pim Paul das Fürchten lehren? Ich habe schon mit Kanonenkugeln gespielt, als du noch in Windeln gegangen bist! Johoo! Und so ein Kerlchen will meine Königin bedrohen. Da musst du schon früher aufstehen.«

Unter dem schwarzen Totenkopf-Umhang rollte eine gusseiserne Kanone hervor, aus der es gefährlich rauchte.

Jack hob abwehrend die Hände. »Aber nein, aber nein, das wollte ich doch gar nicht! Verzeih mir, wer auch immer du bist! Ich war ein Dummkopf, ich ...«

»Zu spät, Landratte!« Der Pirat zog an einer Schnur, und aus der Kanone schoss eine große rote Fahne, auf der in knallgelben Buchstaben *Peng!* stand. Das war zu viel für Jack Wolfe. Er riss die Augen auf, schnappte nach Luft, und dann wurde er ohnmächtig.

Im nächsten Moment erhob sich hinter ihm brausender Applaus. »Bravo, einmalig! Was für eine Show!«, dröhnte es direkt vom Ozean. Durch die verwehenden künstlichen Nebelwolken schälte sich ein größeres Motorboot, auf dem die Filmcrew stand und begeistert klatschte.

»Mr Shaw«, rief der Regisseur. »Was für ein wunderbarer Empfang! Wo kommt denn das sagenhafte Schiff her? Und was ist mit der Insel passiert? Haben Sie es doch geschafft, sie zu versenken? Wie machen Sie das nur? Sie sind ein wahrer Zauberkünstler. Sie sollten doch nur auf das Material aufpassen, und stattdessen haben Sie uns ein Piratenschiff herbeigeschafft. Das werden wir natürlich für den Film benutzen. Und diese Begrüßungsszene eben, die war wirklich gewaltig!«

Peters Vater trat hinter einer der Kulissen hervor, wo er sich die ganze Zeit über versteckt und die Nebelmaschine bedient hatte. »Hallo, Mr McCain«, winkte er. »Tja, das ganze Szenario stammt nicht von mir. Das haben die drei Jungen entdeckt und sich ausgedacht!« Er deutete auf die Piratengestalt.

Der Regisseur wandte sich ihr zu. Justus, Peter und Bob warfen die Totenkopf-Flagge ab und richteten sich auf. Für einen Moment sahen die drei ??? sich fragend an. Dann nickten Bob und Peter Justus zu.

»Mr McCain«, rief Justus. »Auf dem Schiff, der *Aurora*, kann leider nicht gedreht werden. Sie ist

eine echte Antiquität, und auf ihr befindet sich ein Meisterwerk des Piratenkünstlers Pim Paul. Darum gehört die *Aurora* ins Museum und nicht in die Hände einer Filmcrew. Das Ganze ist eine archäologische Sensation.«

Dem Regisseur klappte die Kinnlade herunter. »Ein echtes Piratenschiff?«

»Ja«, rief Bob. »Und wir müssen Sie darauf hinweisen, dass Sie genau solchen Ärger mit der Polizei bekommen könnten, wie ihn Jack Wolfe eben mit Pim Paul bekommen hat, wenn Sie dort etwas kaputt machen.«

»Mit alten Schätzen wie diesem hier darf nämlich absolut kein Schindluder getrieben werden«, fügte Peter hinzu.

Mr Shaw nickte. »Mr McCain, die drei haben recht. Auf Shark Island ist in den letzen Stunden einiges passiert. Aber wir dürfen jetzt nicht zuerst an unseren Film denken, sondern müssen uns darum kümmern, dass diese einmaligen Schätze sicher geborgen werden.«

»Und wir haben die Küstenwache auch schon über Funk informiert«, rief Justus.

In diesem Moment erwachte der blonde Jack. »Nehmt euch in Acht vor Pim Paul«, stöhnte er. »Er ist der schrecklichste Gegner, den man sich vorstellen kann. Und lasst die Hände von seiner Königin!« Er rollte mit den Augen, dann schloss er sie wieder und versank erneut in Ohnmacht.

Der Regisseur, Mr McCain, wandte sich seiner Crew zu. »Okay Leute, wir filmen alles, was hier passiert. Das wird ein prächtiger Dokumentarfilm. Aber keiner von uns rührt irgendwas an, ist das klar?«

»Aye, aye, Sir«, schallte es ihm entgegen.

Die drei ??? sahen sich an. Dann rief Justus: »Die Seele ist das Schiff, das Herz das Steuer und die Wahrheit der Hafen!« Bob und Peter lachten ihn an. »Johoho und 'ne Buddel voll Rum!«, sangen sie fröhlich dazu. Dann kreuzten die drei ??? die Klingen der Säbel und hielten sie gemeinsam in die Höhe. Hinter ihnen leuchtete das Bildnis der Königin Calafia golden in der Abendsonne.

Surfstrand in Gefahr

Ferien

»Endlich Ferien!«, riefen die drei ??? gleichzeitig und hoben die Füße von den Pedalen ihrer Fahrräder. Mit hohem Tempo rollten sie den steilen Weg zur Küste hinab, und der warme Fahrtwind zerzauste ihre Haare. Diesen Tag hatten die drei Freunde schon lange herbeigesehnt, denn ab sofort lagen sechs lange Ferienwochen vor ihnen. Gleich am ersten Tag verabredeten sich Justus, Peter und Bob zum Baden. Die Sonne schien, und keine Wolke war am blauen Himmel zu sehen. Vor ihnen breitete sich der endlose Pazifik aus. Hungrige Möwen kreisten über den Felsen der Steilküste, und Sonnenstrahlen ließen das Meer glitzern wie einen Diamanten.

Der schmale Weg endete an einem kleinen Parkplatz. Von hier aus mussten sie zu Fuß weitergehen, um zur Badebucht mit dem feinen, weißen Sand zu gelangen. Peter Shaw hatte sich sein Surfbrett wie einen Rucksack auf den Rücken geschnallt. »Nun seht euch das an«, strahlte er. »Das sind die perfek-

ten Wellen heute. Die ganzen letzten Tage gab es starken Westwind, und der hat die Wellen aufgebaut. Jetzt laufen sie wie ein Uhrwerk in breiter Linie auf den Strand zu. Besser geht's nicht.«

Die kleine Badebucht war bei allen Surfern weit über Rocky Beach hinaus bekannt. Und leider war das auch kein Geheimtipp mehr, denn der Strand war um die Nachmittagszeit gut besucht. Justus hatte auf seinem Gepäckträger eine große Kühlbox befestigt. »Die Wellen sind mir egal«, schnaufte er. »Mir ist nur wichtig, dass uns der Proviant nicht ausgeht.«

Bob Andrews lachte. »Typisch, Just! Du denkst mal wieder nur ans Essen.« Dieser lachte zurück. »Du etwa nicht? Dann interessiert dich wohl auch nicht, was Tante Mathilda uns eingepackt hat: für jeden ein riesiges Stück Kirschkuchen. Aber kein Problem, deines schaff' ich auch.«

Bob nahm ihm schnell die Kühltasche ab. »Ich nehme alles zurück. Kirschkuchen ist natürlich etwas anderes.«

Der Sand war so heiß, dass die drei Freunde mit ihren nackten Füßen schnell drüberlaufen mussten. Doch nach wenigen Metern standen sie im kühlen Wasser. Peter zeigte auf die andere Seite der kleinen Bucht. »Lasst uns dort unser Lager aufbauen. Die hohen Felsen dahinter geben etwas Schatten. Sonst braten wir in der Sonne wie Heringe in der Pfanne.«

Kaum hatte Peter seine Sachen abgelegt, rannte er mit seinem Surfbrett ins Wasser. »Los geht's!«, jubelte er. »Ich werde heute keine Welle auslassen.«

Bob blickte ihm hinterher. »So, wie Peter trainiert, wird er garantiert in drei Tagen die Surfmeisterschaft von Rocky Beach gewinnen.« Justus hatte schon ein großes Stück Kirschkuchen im Mund. »Da habe ich keine Zweifel. Keiner kann besser auf den Wellen reiten als unser Peter.«

»Los, Just! Lass uns auch ins Wasser springen. Es sieht herrlich aus.« Justus war jedoch keine große Wasserratte. Er schluckte das Stück Kuchen herunter und grinste seinen Freund an. »Geht nicht. Ich habe gerade gegessen. Und nach dem Essen soll man zwei Stunden nicht baden.« Bob schubste seinen Freund um und lachte. »Du Spinner! Du hast gerade einmal vom Kirschkuchen abgebissen. Komm, sei nicht so wasserscheu!«

Schließlich ließ Justus sich überreden, und gemeinsam tobten die drei Freunde im Meer. Peter hatte gerade eine riesige Welle erwischt und jagte auf seinem Surfbrett vor ihr her. »Platz da! Hier kommt der neue Surfweltmeister!«

Nach einer halben Stunde gingen alle drei völlig erschöpft zu ihrem Platz am Strand zurück. Bob wischte seine Brille sauber und spuckte in den Sand. »Wenn nur das Meerwasser nicht so salzig wäre. Ekelhaft. Just, gib mir doch bitte mal die Wasserflasche aus der Kühlbox.« Justus verzog sein Gesicht. »Äh, tut mir leid. Ich habe nur ans Essen gedacht. Möchtest du ein Salamibrötchen?«

»Was? Du hast das Wichtigste vergessen? Wir werden in der Sonne verdursten.« Dann griff Bob sich mit beiden Händen an den Hals und ließ sich in den Sand fallen. »Unsere Kehlen vertrocknen. Wir verenden wie Fische an Land. Nur noch unsere bleichen Skelette bleiben übrig. Ade, du schöne Welt. Ich bin tot.«

Peter lachte. »Bob, du solltest Schauspieler werden. Lasst uns rübergehen zu Andys Bar. Ich habe Extrataschengeld für den Urlaub bekommen und gebe einen aus.« Das ließ sich Bob nicht zweimal sagen. Ein Wunder geschah, und er sprang bester Laune auf. »Ja! Meine Rufe sind erhört worden. Ich folge dir.«

Hang Loose

Andys Bar kannte jeder in der Gegend. Andy selbst war einmal ein berühmter Surfer gewesen. Mit seiner Frau Olivia hatte er sich vor vielen Jahren am Rande der Bucht niedergelassen. Eigentlich war seine Bar gar keine richtige Bar, sondern glich eher einer zusammengenagelten Bretterbude. Im Laufe der Jahre war diese immer größer geworden und bestand nur aus Baumaterial, das durchs Meer angespült worden war. Als Dach dienten trockene Palmwedel, und die Barhocker waren aus alten Schiffsplanken gezimmert. Direkt hinter der Bar ging es in eine tiefe Felsenhöhle. Hier hatten sich Andy und Olivia häuslich eingerichtet und lebten dort.

Gut gelaunt setzten sich Justus, Peter und Bob auf die Barhocker. Aus einem Kofferradio plärrte Surfer-Musik. »Hi, Jungs!«, begrüßte sie der braun gebrannte Andy. Um seinen Hals trug er eine Muschelkette. »Wie geht's? Wollt ihr etwas trinken?«

Peter nickte. »Ja, wir brauchen eine große Flasche Wasser. Der kleine Kollege hier mit der Brille verdurstet sonst.« Wütend trat Bob ihm gegen das Schienbein. »Wer ist hier klein?!«

Lachend stellte Andy eine Flasche Wasser und drei bunte Gläser auf den Tresen. »Hier, trinkt schnell. Ich kann in meiner Bar keine vertrockneten Jungs gebrauchen. Die Welt bereitet mir schon genug Ärger.«

Justus horchte auf. »Soll das Wetter schlechter werden?« Jetzt kam Andys Frau Olivia aus der Felsenhöhle. Sie trug die gleiche Muschelkette wie ihr Mann und hatte ihre blonden Haare zu einem Zopf zusammengebunden. »Ach was«, sagte sie, »das Wetter nehmen wir so, wie es kommt. Da gibt es Schlimmeres.«

»Ja, zum Beispiel ein spiegelglattes Meer ohne Wellen«, erklärte Andy schnell und wandte sich dann an Peter. »Ich hab dich draußen in den Wellen beobachtet. Nicht übel. Du weißt, wie man mit einem Surfbrett umgeht.«

Peter wurde rot. »Nun, ja. Ich trainiere für die Surfmeisterschaft von Rocky Beach. Bis jetzt klappt alles recht gut.«

»Nur keine falsche Bescheidenheit. Du machst sicher den Take-off, deine Turns sind gut, und in den Tubes hast du die Nerven behalten. Ich bin auch Goofy-Surfer wie du auf dem Malibu Longboard.«

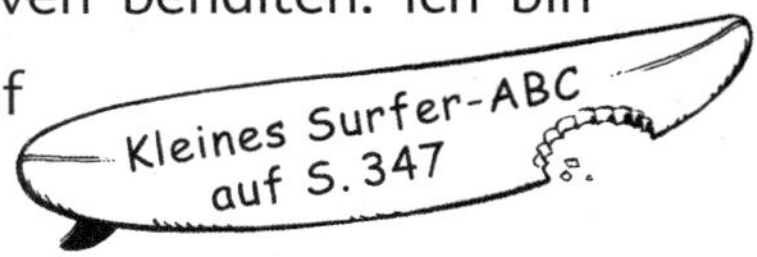

Bob verstand nur Bahnhof. »Hä? Was erzählen Sie da?«

Olivia grinste ihn an und goss Wasser nach. »Das ist Surfer-Sprache. Es heißt so viel wie: Dein Freund startet sicher und kann gut Kurven fahren. In den Wellentunneln behält er die Nerven, und er fährt wie Andy mit dem rechten Fuß vorn.«

»So ist es«, lachte ihr Mann. »Surfen ist mein Leben. Etwas Besseres gibt's nicht.«

Über dem krummen Tresen hing ein langes Surfbrett. An der Vorderseite hatte dieses eine seltsam geformte Spitze, die aussah wie ein gedrehtes Horn. Zusammen mit dem weißen Pferd auf dem

Surfbrett sah das Ganze aus wie ein Einhorn aus einem Märchen. »Ist das ein Malibu Longboard?«, fragte Justus interessiert. Andy nickte. »Ja, das Board ist legendär. Mit diesem Surfbrett habe ich 22 Meisterschaften gewonnen.« Peter war beeindruckt. »Cool! Das werde ich nie schaffen.«

»Ach was, Junge. Fleißig trainieren und jede Welle mitnehmen. Du musst eine Welle atmen. Du musst sie lesen können, wissen, wo sie bricht und wann sie bricht. Sie ist dein Feind und dein Freund.«

»Wieso kann eine Welle ein Feind sein?«, hakte Bob nach. Andy hob sein Bein an. Am Ober- und Unterschenkel entlang lief eine lange Narbe. »Vor vielen Jahren habe ich eine Welle nicht richtig erwischt. Ihr ahnt nicht, was für eine Kraft dahinterstecken kann. Sie hat mich nach unten auf ein Riff gedrückt und mir das Bein aufgerissen. Aber so ist das Surferleben. Shaka!« Dazu machte er eine seltsame Handbewegung.

Bob sah Peter verwundert an. »Shaka? Was heißt das?«, fragte er leise.

»Mit *Shaka* begrüßen sich die coolen Surfer, und kombiniert mit dem Handzeichen heißt das so viel wie: *Hang loose – Schön locker bleiben*. Der Spruch kommt aus Hawaii, soviel ich weiß. Dort wurde einst das Surfen erfunden«, erklärte dieser.

Graue Männer

Gerade als Peter die Flasche Wasser bezahlen wollte, wurde er von einem kleinen Mann zur Seite geschoben, der neben ihn an den Tresen trat. »Wenn ich mal stören darf«, sagte dieser mit hoher Stimme. Der kleine Mann trug trotz der Hitze eine lange Hose und ein graues Hemd. Nur die Schuhe hatte er ausgezogen und stand mit schwarzen Socken im Sand. Unter dem Arm hatte er einen dicken Aktenordner.

Andy schien den Mann zu kennen. »Mr Pinkert, was wollen Sie schon wieder hier? Ich habe Ihnen doch gesagt, dass ich meine Strandbar nicht verkaufen will.«

Der kleine Mann putzte seine runde Brille und öffnete die Aktenmappe. »Ich weiß, denn dafür haben Sie auch einen Grund. Sie können gar nicht verkaufen, was Ihnen nicht gehört.«

Andy zuckte zusammen, und seine Frau Olivia legte ihm beruhigend die Hand auf die Schulter.

»Was reden Sie da für einen Unsinn«, schimpfte der Barmann.

Doch Mr Pinkert ließ sich nicht aus der Ruhe bringen. »Ich habe mich bei der Behörde in Rocky Beach erkundigt und einiges herausgefunden. Ihnen und Ihrer Frau gehört nicht ein einziger Quadratmeter dieses Grundstücks. Sie werden lediglich seit vielen Jahren mit Ihrer Strandbar geduldet. Das heißt: Man drückt ein Auge zu.«

Andy lief rot an. »Was schnüffeln Sie in meinen Angelegenheiten herum?! Was wollen Sie überhaupt von mir?«

Der kleine Mr Pinkert nahm ein Blatt aus dem Ordner. »Ich persönlich will gar nichts von Ihnen. Ich bin lediglich so nett, Sie über den Stand der Dinge zu informieren. Gemäß dieser offiziellen Urkunde ist der Besitzer dieses Strandabschnittes die Stadt Rocky Beach.

Und die will das Grundstück nun verkaufen. Und zwar an die Baufirma, für die ich arbeite. Schon in wenigen Monaten wird hier eine wundervolle Hotelanlage entstehen.«

Justus mischte sich jetzt ein. »Heißt das, Andy muss mit seiner Strandbar weg?«

Mr Pinkert wischte sich mit einem grauen Taschentuch den verschwitzten Nacken trocken. »Genau das bedeutet es, mein Junge. Aber jetzt geht wieder im Sand spielen und baut eine Burg, Kinder.«

»Das können Sie doch nicht machen!«, rief Olivia wütend. »Das hier ist unser Leben und unser Zuhause. Und wo sollen wir dann hin?«

»Gute Frau, das ist nicht mein Problem. Und außerdem können Sie ja bei der Stadt Rocky Beach auch einen Kaufantrag stellen, so wie meine Firma. Wir leben in einem freien Land. Ach ja, und diesen Schrieb lasse ich Ihnen da. Das nennt sich Räumungsbeschluss. Da steht drin, dass Sie bis heute Abend hier alles abgebaut haben müssen. Ansonsten übernimmt das die Müllabfuhr der Stadt. Lesen Sie sich das Schreiben in Ruhe durch. Es ist gestempelt und unterschrieben von Kommissar Reynolds persönlich. Einen schönen Tag wünsche ich noch.«

So leise, wie er gekommen war, verschwand der kleine Mann auf Socken. Olivia nahm mit zitternden Händen das Blatt Papier in die Hand. »Das gibt's doch nicht«, stammelte sie. »Genau davor haben wir uns immer gefürchtet.«

Justus nahm einen Schluck Wasser. »Dann stimmt es also, was dieser Mr Pinkert sagt? Sie beide wurden mit Ihrer Strandbar all die Jahre nur geduldet?«

Die blonde Frau nickte. »So ist es leider. Wir hätten niemals so viel Geld gehabt, um das Grundstück zu kaufen. Und damals freute sich jeder, dass wir die Strandbar in dieser verlassenen Bucht aufgebaut haben.« Ihr Mann fuhr fort: »Richtig. Ihr könnt euch gar nicht vorstellen, wie das hier früher aussah. Alles war voller Dreck: angeschwemmter

Plastikmüll, alte Fischernetze, verrottetes Seegras und jede Menge Steine. Monatelang haben wir aufgeräumt und die Surfer-Bucht zu dem gemacht, was sie heute ist. Das ist jetzt über 15 Jahre her. Wir haben gehofft, dass es so etwas wie ein Gewohnheitsrecht gibt. Aber Mr Pinkert scheint das anders zu sehen.«

»Die werden alles, was wir aufgebaut haben, in den Müll werfen«, jammerte Olivia. »Wie sollen wir denn bis heute Abend eine neue Bleibe finden?«

Justus knetete mit Daumen und Zeigefinger seine Unterlippe. Das tat er immer, wenn er scharf nachdachte. Dann fragte er: »Andy, haben Sie ein Handy, das ich kurz benutzen darf?«

»Nein, Olivia und ich weigern uns, so ein Ding anzuschaffen. Aber Moment! Da drüben ist ein Kumpel von mir. Der hat bestimmt eins, das er mir ausleiht.« Wenig später kam Andy mit einem Handy zurück. »Hier. Ist ein älteres Modell mit Tasten.«

Mit dem Mobiltelefon in der Hand verschwand Justus für einen Moment am Strand. Seine beiden

Freunde sahen sich verwundert an. »Was hat er vor?«, fragte Bob.

Kurz darauf kam Justus zurück und legte das Handy auf den Tresen. »Also: Ich habe mit meinem Onkel und meiner Tante gesprochen. Bei uns zu Hause ist viel Platz. Wenn Sie wollen, können Sie beide für eine Weile dort mit Ihren Sachen aus der Strandbar unterkommen.«

Das Gesicht der blonden Frau erhellte sich. »Gerne wollen wir das.« Auch ihr Mann schöpfte neue Hoffnung. »Ich kann nur Danke sagen. Es dauert bestimmt auch nur kurze Zeit, bis wir etwas Neues gefunden haben. Irgendetwas wird uns schon einfallen.«

Justus grinste. »Sehr gut. Mein Onkel ist gleich hier, dann können wir alles auf seinen Pick-up laden.«

Umzug

Es dauerte nicht lange, da hörten sie vom Parkplatz her ein lautes Hupen. »Die Tröte kenne ich!«, rief Peter. »Das ist dein Onkel mit seinem alten Transporter.«

Wenig später stand Onkel Titus an der Bar. »Das sind ja fürchterliche Geschichten, die ich da zu hören bekomme. Meine Frau und ich haben nicht eine Sekunde überlegt. Klar helfen wir. Ich habe mit solchen Leuten von Baufirmen auch schon ähnliche Dinge erlebt. Die schrecken vor nichts zurück.« Andy reichte ihm glücklich die Hand. »Ich weiß gar nicht, wie ich Ihnen danken soll, Mr Jonas. Möchten Sie etwas trinken?«

Onkel Titus schüttelte den Kopf. »Nein danke. Denn wenn ich mir die Bar hier betrachte, dann bleibt uns dafür keine Zeit. Gut, dass ich den großen Anhänger an den Pick-up gekoppelt habe. Das wird ein richtiger Umzug.«

Olivia begann schon damit, Gläser, Flaschen

und selbst getöpferte Kerzenständer in einen Karton zu packen. »Bis heute Abend können wir das eigentlich gar nicht schaffen. Alles muss durch den weichen Sand getragen werden. Mit dem Auto kann man nicht bis hierher fahren.«

Doch Andy hatte eine Idee. Er stellte sich auf einen Barhocker und legte die Hände wie einen Trichter vor den Mund. »Liebe Freunde, alle mal herhören!«, rief er laut. Die ersten Badegäste wurden auf ihn aufmerksam und sahen in seine Richtung. Die meisten kannten den Barmann persönlich, und einige waren sogar mit ihm und seiner Frau befreundet. »Wir müssen euch leider mitteilen, dass wir mit unserer Strandbar heute noch umziehen müssen. Es ist ein Notfall. Wer uns hilft, dem gebe ich einen aus.«

Staunend beobachtete Onkel Titus, wie sich innerhalb weniger Minuten über die Hälfte der Strandbesucher auf den Weg zur Bar machten. »Und da soll noch einer sagen, die Menschen seien nicht hilfsbereit«, murmelte er.

Alle packten mit an und bildeten eine lange Kette von der Bar bis zum Parkplatz. Wie auf einem Förderband wurde in der nächsten Stunde die Strandbar in Einzelteilen abtransportiert. Onkel Titus und die drei ??? standen am Pick-up und luden alles auf. Zum Schluss klemmte sich Andy das Surfbrett mit dem Einhorn unter den Arm. »Danke, Leute!«, rief er. »Ihr wisst gar nicht, wie sehr ihr uns geholfen habt.« Die Helfer applaudierten, und Onkel Titus startete den Wagen. »Jungs, ihr kommt mit den Rädern nach. Wir sehen uns beim Gebrauchtwarencenter.«

Als Justus, Peter und Bob beim Schrottplatz ankamen, waren schon die ersten Kartons ausgepackt. Auch Tante Mathilda hatte sich Arbeitshandschuhe angezogen. »Na, das sind mir Geschichten!«, rief sie. »Ihr habt es richtig gemacht, eure Hilfe anzubieten.«

Onkel Titus zeigte auf den Rand des Schrottplatzes. Direkt vor dem Zaun stand ein alter silberfarbener Wohnwagen. »Ist das nicht ein Zufall? Das Ding habe ich letzte Woche bei einer Auktion ersteigert. Dort können die beiden wohnen, bis sie etwas Besseres gefunden haben.«

Olivia stand vor dem Campinganhänger und stellte gerade einen kleinen Klapptisch auf. »Ich bin begeistert«, strahlte sie. »Da drin ist es fast so gemütlich wie in unserer Felsenhöhle am Strand.«

Das Abladen ging wesentlich schneller als das Aufladen, und nach kurzer Zeit waren die Ladefläche des Pick-ups und auch der Hänger leer. Das Surfbrett mit dem aufgemalten weißen Einhorn und dem gedrehten Horn an der Spitze hängte Andy direkt über den Eingang des Wohnwagens. »Eigentlich könnten wir auch hier eine Bar errichten«, grinste er.

Tante Mathilde lachte. »Das können Sie gerne machen, nur werden hier sicherlich nicht so viele Gäste auftauchen wie am Strand. Wer will schon Urlaub auf einem Schrottplatz machen?«

Onkel Titus verzog das Gesicht. »Mathilda, wie oft soll ich es noch sagen: Der Schrottplatz ist kein Schrottplatz, sondern ein Wertstoffhandel. Nichts ist so alt, dass man es einfach so wegwerfen könnte.«

»Meine Rede«, stimmte Andy zu. »Unsere ganze Bar besteht aus Dingen, die Leute ins Meer geworfen haben. Die Welt wäre um einiges schöner, wenn es nicht so viel Müll gäbe.«

Nach getaner Arbeit gab es Kirschkuchen. Justus zog seine Arbeitshandschuhe aus und wischte sich den Schweiß aus dem Gesicht. »Na endlich«, stöhnte er, »ich war schon am Verhungern.«

Beim Essen ließ sich Onkel Titus das Papier zeigen, das Mr Pinkert dagelassen hatte. »Kein Zweifel: Das ist die offizielle Unterschrift von Kommissar Reynolds. Er muss tun, was das Gesetz von ihm verlangt. Und die Baufirma kenne ich. Die fackeln nicht lange. Die hätten glatt heute Abend die Strandbar in die Müllpresse geworfen.«

Olivia war begeistert von dem Kirschkuchen. Sie wusste nicht, dass Tante Mathilde damit schon mehrfach den Backwettbewerb gewonnen hatte. »Also, wenn wir jemals wieder unsere Strandbar eröffnen, dann müssen wir diesen Kuchen anbieten. Die Gäste werden uns die Bude einrennen.«

Tante Mathilda war verlegen. »Ich weiß nicht ... Aber ja, warum eigentlich nicht. Wenn es so weit ist, können wir drüber reden. Vielleicht kommen wir ins Geschäft.«

Mittlerweile war es schon recht spät geworden, und die drei ??? verabredeten sich für den nächsten Tag. Müde stieg Justus die Treppe hinauf in den ersten Stock. Hier hatte er sein Zimmer. Er wohnte bei seiner Tante Mathilda und seinem Onkel Titus, seit er fünf Jahre alt war. Seine Eltern waren damals bei einem Unfall gestorben. Doch dies war lange her, und seine Tante und sein Onkel waren für ihn fast wie seine richtigen Eltern.

Von seinem Zimmer aus konnte Justus den gesamten Schrottplatz überblicken. Es war bereits dunkel, und die ersten Sterne strahlten am wolkenlosen Himmel. Noch immer war es sehr warm, und in der Ferne hörte man leise die Brandung des Pazifiks. Vor dem silberfarbenen Wohnwagen hatten es sich Andy und Olivia gemütlich gemacht. Rings um den kleinen Klapptisch flackerten Teelichter in bunt bemalten Kerzenständern. Die beiden saßen auf einer kleinen Bank und hatten sich gemeinsam in eine Decke gehüllt. Der Schein der Kerzen spiegelte sich auf dem langen Surfbrett mit dem aufgemalten weißen Einhorn. Justus zog die Gardine vor seinem Fenster zu und ging ins Bett. Kurz darauf war er eingeschlafen. Über dem Schrottplatz ging der Mond auf.

Doch mitten in der Nacht wurde Justus plötzlich von einem Geräusch geweckt. Zunächst war es ein dumpfes Trampeln. Dann folgte ein Klirren von Glas. Oder hatte er das Ganze nur geträumt? Der Anführer der drei ??? war jetzt hellwach. Schnell schob er die Bettdecke zur Seite und trat neugierig ans Fenster. Zunächst spähte er durch den Spalt der Gardine, dann schob er den Vorhang vorsichtig beiseite. Vom Mond wurde der Schrottplatz in ein silbriges Licht getaucht. Die Kerzen vor dem Wohnwagen waren erloschen. Auch die Bank war leer. Niemand war zu sehen. Nur eine kleine schwarze Katze schlich zwischen rostigen Radkappen herum. »Gute Nacht, Katze«, gähnte Justus und ging wieder ins Bett.

Akebono Khanamoku

Am nächsten Morgen wurde Justus von Tante Mathilda geweckt. »Justus! Aufstehen! Unten wartet schon dein Besuch. Ihr habt euch doch verabredet.« Justus riss die Augen auf. Er hatte ganz vergessen, den Wecker zu stellen, denn es waren ja Ferien. Hastig sprang er aus dem Bett und polterte die Holztreppe hinunter. Auf der Veranda saßen seine beiden Freunde und hatten jeder eine Tasse heißen Kakao vor sich stehen.

»Guten Morgen«, grinste Bob. »Mein detektivischer Spürsinn sagt mir, du hast verpennt.«

Justus schnappte sich auch eine Tasse. »Aha. Und wie kommt dein Superhirn darauf?«

Bob grinste noch breiter. »Weil du noch deinen Schlafanzug anhast.« Er und Peter prusteten laut los. Justus bekam einen roten Kopf. »Haha, wie witzig. Aber für so eine Schlussfolgerung muss man kein guter Detektiv sein. Eine geputzte Brille reicht dafür aus.«

Genau im richtigen Moment kam Tante Mathilda auf die Veranda. In der Hand hielt sie ein großes Tablett mit getoastetem Brot, Kirschmarmelade und drei gekochten Eiern. »So, jetzt gibt's erst mal Frühstück. Onkel Titus und ich fahren gleich in die Stadt, um Besorgungen zu machen. In der Küche steht übrigens eine Kanne mit frisch gebrühtem Kaffee. Die könnt ihr unseren beiden Gästen im Wohnwagen vorbeibringen. Das scheinen Langschläfer zu sein. Und jetzt wünsche ich euch guten Appetit!«
»Danke, Mrs Jonas«, sagte Peter und schnappte sich ein Toastbrot. Kurz darauf tuckerte der rote Pick-up vom Hof.
Nach dem Frühstück zog Justus sich an und kam mit der Kanne Kaffee aus der Küche zurück. »Los, Andy und Olivia sind jetzt bestimmt wach.«
Gerade als Bob an die Tür des Campinganhängers klopfen wollte, öffnete sich diese. Gähnend kam Andy aus dem Wagen. Er trug immer noch dasselbe Hemd wie am Vortag und die Kette mit den Mu-

scheln. »Bei euch geht's ja früh los«, brummte er und setzte sich seine Sonnenbrille auf. »Ihr müsst wissen: Wenn man eine Bar betreibt, wird es abends meistens sehr spät, und morgens liegt man lange im Bett.« Als er aber die Kaffeekanne erblickte, besserte sich seine Laune schlagartig. »Olivia!«, rief er in den Wohnwagen. »Komm schnell raus! Hier gibt es Zimmerservice mit Kaffee. Das ist besser als in jedem Hotel.«

Kurz darauf saßen sie zu fünft um den kleinen Klapptisch. Olivia goss sich Kaffee in eine bunte Tasse. »Entschuldigt, dass wir so spät aufgestanden sind. Aber wir haben sehr schlecht geschlafen.«

Justus wurde hellhörig. »Wieso? Was war los?«

»Keine Ahnung«, antwortete Andy. »Mitten in der Nacht hat es plötzlich laut gepoltert. Und dann war da noch so ein Klirren.« Müde rührte er in seiner Tasse.

»Als ob Glas zerspringt?«, hakte der Anführer der drei ??? nach.

»Ja, genau. Und …« Plötzlich stockte Andy und ließ seinen Löffel fallen. Mit offenem Mund starrte er zum Eingang des Wohnwagens. »Das … das darf doch nicht wahr sein«, stotterte er. »Mein Surfbrett! Das lange Horn an der Spitze ist weg.«

Alle rissen die Köpfe herum und blickten nach oben. Andy sprang auf und holte das Surfbrett herunter. »Hier, seht euch das an! Da hat jemand das gedrehte Horn aus dem Surfbrett herausgerissen. Das war mein Glücksbringer!«

Justus knetete seine Unterlippe. Anscheinend hatte er die seltsamen Geräusche in der Nacht doch nicht geträumt. Die Katze war unschuldig. Es waren Einbrecher. »Am besten, niemand fasst etwas an«, sagte er. »Vielleicht haben die Diebe Spuren hinterlassen.«

Bob ergriff nun das Wort. »War dieses Horn denn wertvoll? Kann man es nicht einfach nachkaufen?«

Andy sprang empört auf. »Das war nicht irgendein Horn. Es war das Horn eines Einhorns. Das kennt ihr doch aus Märchen und Sagen. Das kann man nicht so einfach nachkaufen. Ihr wisst doch wohl, was ein Einhorn ist, oder?«

Bob schluckte. »Ja klar. Das ist ein Fabelwesen. Ein weißes Pferd mit einem langen Horn auf der Stirn. Natürlich gibt es so etwas nicht in Wirklichkeit.«

Andy nahm langsam seine Sonnenbrille ab. »Ach, und woher willst du das wissen? Über Einhörner berichtet man schon seit mehr als 2000 Jahren. Es gibt Geschichten aus Indien, Sumatra, Äthiopien und ganz Asien. Das Horn des Einhorns wird genau beschrieben. Es ist weiß, leicht gedreht und vorne spitz. Genau wie das Horn vorne an meinem Surfbrett. Und dann hat es mit dem Einhorn noch etwas ganz Besonderes auf sich … Sag du es ihm, Olivia!«

Seine Frau rührte nervös in ihrer Kaffeetasse. »Nun, ich weiß, viele Menschen glauben nicht daran, aber das Einhorn gehört zu den edelsten Tieren überhaupt. Es steht für das Gute und für das Glück. Früher wurden Einhörner wegen ihres Horns gejagt. Man soll damit sogar Krankheiten heilen können. Wahrscheinlich sind die Einhörner darum ausgestorben.«

Peter hatte gebannt zugehört. »Und woher haben Sie beide dieses sagenhafte Horn von einem Einhorn?«

Andy schwieg eine Weile. Dann holte er tief Luft. »Ich habe das Geheimnis mein halbes Leben für mich behalten. Nur Olivia weiß davon. Aber jetzt, unter diesen Umständen, muss ich den Schwur, nichts davon zu erzählen, wohl brechen ...«

Peter platzte fast vor Neugier. »Nun sagen Sie schon! Wir erzählen es auch niemandem weiter.« Andy nahm einen großen Schluck Kaffee. »Ich hatte damals das Surfen gerade erst gelernt. Und zwar dort, wo es erfunden wurde: auf der Insel Hawaii. Mein Surflehrer war ein Ureinwohner der Inselkette. Sein Name war Akebono Khanamoku, und er war schon über 90 Jahre alt. Er zeigte mir, wie man eine Welle anfährt für den perfekten Ritt. Doch eines Tages geriet Akebono selbst in eine heftige Welle, sodass ich ihn halb ertrunken aus dem Wasser ziehen musste. Zum Dank schenkte er mir das gedrehte Horn eines Einhorns, und ich habe es an meinem Surfbrett angebracht. Woher er es hatte, weiß ich nicht. Der Alte sagte mir nur, dass sich eines Tages bei Vollmond das Einhorn sein magisches Horn zurückholen werde. Wenige Wochen danach starb er, und ich habe Hawaii für immer verlassen.«

Peter stand der Mund offen. »Das ist ja eine irre Geschichte. Kaum zu glauben.«

Justus knetete seine Unterlippe. »Ja, wirklich kaum zu glauben. Und was wollen Sie jetzt tun?«

Olivia stellte ihre Kaffeetasse ab. »Das Horn des Einhorns war das Wertvollste, was wir besaßen. Wir werden jetzt in die Stadt gehen und Anzeige bei der Polizei erstatten. Was bleibt uns anderes übrig? Vielleicht erwischt man den Einbrecher.« Mit diesen Worten standen die beiden auf und verließen mit hängenden Köpfen das Schrottplatzgelände.

Bob blickte ihnen nachdenklich hinterher. »Just, was sagst du zu dieser Geschichte?«

»Ich denke, dass es viele Fragezeichen gibt. Fragen, auf die wir eine Antwort finden werden. Freunde, wir haben einen neuen Fall zu lösen.«

Rätselhafte Spuren

Die drei ??? begannen mit den Ermittlungen. »Ich wollte euch eigentlich nichts davon erzählen«, sagte Justus, »doch auch ich habe in der Nacht seltsame Geräusche gehört. Ich dachte, es sei die Katze, doch jetzt sieht die Sache anders aus.«

Peter blickte sich um. »Du sagtest vorhin etwas von zerbrochenem Glas. Da gibt es hier auf dem Schrottplatz natürlich einige Möglichkeiten.«

Bob stand jetzt auch auf. »Die Geschichte mit diesem Einhorn, das sich sein Horn zurückholt, ist natürlich Quatsch. Wahrscheinlich hat Andy zu viel Sonne abbekommen.«

»Einhörner sind Fabelwesen«, bestätigte Justus. »Aber es gibt ja auch Leute, die glauben an Poltergeister oder Meerjungfrauen. Fest steht, dass das spitze Horn verschwunden ist. Und wenn es ein Dieb war, dann müssen wir nach Spuren suchen.«

Bob deutete auf die große Toreinfahrt. »Eigentlich gibt es nur zwei Möglichkeiten: Entweder kamen die Einbrecher durch das Tor, oder sie sind über den Holzzaun gestiegen. Ob es ein oder mehrere Täter waren, wissen wir natürlich nicht.«

Peter blickte zum Zaun. »Wenn ich ein Einbrecher wäre, dann hätte ich den Zaun gewählt. Beim Tor kann einen jeder von der Straße aus beobachten. Außerdem machen die Kieselsteine viel Lärm, wenn man drüberläuft.«

Das klang einleuchtend, und gemeinsam schritten die drei Detektive den Zaun ab. Neben einem alten Ölfass entdeckte Peter Scherben auf dem Boden. »Kommt mal her, Leute! Ich glaub, ich hab was. Es kann natürlich sein, dass die Scherben hier schon länger liegen ...«

Bob schüttelte den Kopf. »Nein, denn gestern, als wir die Sachen vom Pick-up geladen haben, habe ich aus dieser Wasserflasche getrunken und sie auf diesem Fass abgestellt. Später habe ich vergessen, sie wieder mitzunehmen.«

Justus betrachtete die Scherben genauer. »Dann hat es wohl wenig Sinn, Fingerabdrücke zu sichern.

Wahrscheinlich werden wir nur Bobs finden. Vielleicht war es aber doch die Katze, die die Flasche heruntergestoßen hat.«

Etwas abseits hatte Peter inzwischen noch eine Entdeckung gemacht. »Kommt schnell her! Das müsst ihr euch ansehen!«

Aufgeregt rannten seine beiden Freunde zu ihm. »Was hast du da gefunden?«, schnaufte Justus. »Etwa Fußspuren?«

»Spuren, ja. Aber die sind eher von einem Tier. Hufabdrücke. Die stammen von einem Pferd.«

Im weichen Boden konnte man tiefe Mulden erkennen. Sie führten zum Wohnwagen. Bob beugte sich hinunter und betrachtete die Spur genauer. »Egal, wer oder was diese Abdrücke hinterlassen hat. Sie sind auf jeden Fall sehr frisch.«

»Und woran erkennt du das?«, fragte Peter.

»Weil die Erde an den Seiten noch feucht ist. Es muss heute Nacht passiert sein. Sonst wäre die Erde bei der Hitze in den letzten Tagen eingetrocknet.«

Justus nickte anerkennend. »Gut beobachtet!«

Peter kam ins Grübeln. »Sagt mal, ein Einhorn ist doch eigentlich ein stinknormales Pferd, nur mit einem langen Horn auf der Stirn.«

Bob tippte sich an die Stirn. »Nun hör aber auf, Peter. Ich weiß, was du denkst: Ein magisches Einhorn ist bei Vollmond über den Zaun gehüpft, hat sich das weiße Horn vom Surfbrett geschnappt und ist dann wieder zurückgesprungen. So ein Blödsinn! Deine Fantasie geht mit dir durch.«

Peter zuckte mit den Schultern. »Just sagt doch immer, dass alles möglich ist, bis man das Gegenteil bewiesen hat.«

Der Anführer der drei ??? knetete seine Unterlippe. »Es macht zwar keinen Sinn, und auch ich glaube nicht an Einhörner, aber diese Spuren sehen wirklich sehr nach einem Pferd aus. Der Fall wird langsam rätselhaft.«

»Vielleicht saß der Einbrecher auf einem Pferd und ist damit über den Zaun gesprungen«, vermutete Bob. »Womöglich war es ein Springreiter?«

Peter fing an zu lachen. »Ein Einbrecher mit einem Pferd? Das ist ja noch unsinniger als meine Idee mit dem Einhorn.«

Justus unterbrach die beiden. »Ich glaube, hier kommen wir nicht weiter. Ich schlage vor, wir fahren in die Stadt und fragen Kommissar Reynolds, ob es in letzter Zeit ähnliche Einbrüche mit solchen Hufspuren gab.« Seine beiden Freunde waren einverstanden, und kurz darauf machten sich die drei ??? auf zum Marktplatz von Rocky Beach.

Eispause

Mittlerweile stand die Sonne schon hoch am Himmel. Die lange Küstenstraße nach Rocky Beach führte direkt am Pazifischen Ozean vorbei. Sehnsüchtig blickte Peter auf die hohen Wellen. »Wäre Mr Pinkert nicht aufgetaucht, dann würde ich jetzt keine Welle auslassen und trainieren. In zwei Tagen ist die Surfmeisterschaft.« Justus trat keuchend in die Pedale. »Dafür haben wir einen spannenden Fall zu lösen. Das ist ja auch was.«

Um die Mittagszeit war nicht viel los in der kleinen kalifornischen Küstenstadt. Die drei ??? stellten ihre Räder am Brunnen auf dem Marktplatz ab. Justus tauchte kurz seine Hände ins Brunnenwasser und kühlte sich ab. »Vielleicht treffen wir Andy und Olivia auf dem Polizeirevier. Ich bin gespannt, was sie zu unserer Entdeckung sagen.«

Doch gerade als sie die Polizeiwache betreten wollten, kam ihnen Kommissar Reynolds entgegen. »Ah, meine geheime Spezialeinheit«, begrüßte er die Jungen. »Ihr kommt rechtzeitig zu meiner Mittagspause. Wenn ihr wollt, leistet mir Gesellschaft. Ich gebe euch ein Eis aus. Das ist eigentlich schon lange mal fällig.«

Bob hob den Daumen. »Da bin ich dabei. Erstens brauche ich bei der Hitze ein Eis, und zweitens habe ich diese Woche noch kein Taschengeld bekommen.«

Der Kommissar lachte. »Na, dann passt das ja. Und meine Pause habe ich mir verdient, denn heute ist schon wieder jede Menge los in Rocky Beach. Eben waren zwei Verrückte auf der Wache und haben einen Diebstahl gemeldet. Ihr könnt euch nicht vorstellen, was denen gestohlen worden ist.«

Justus nahm dem Kommissar die Antwort vorweg. »Doch. Es handelt sich vermutlich um das Horn eines Einhorns.«

Reynolds blieb verwundert stehen. »Woher wisst ihr das? Kennt ihr diese Leute?«

»Ja, wir kennen sie. Und beim Eis erzählen wir Ihnen gerne mehr über diesen seltsamen Fall.«

Das Eiscafé von Giovanni befand sich direkt neben der Polizeiwache. Der Kommissar und die drei ??? setzten sich an einen leeren Tisch. Es war nicht viel los im Café. Einen Tisch weiter saß lediglich ein Mann und las Zeitung.

Giovanni, der Besitzer des Eiscafés, kam und nahm die Bestellung auf. »Prego, was darfe de liebe Giovanni euch in de Waffel drücken?«

Der Kommissar rückte seine Dienstmütze zurecht. »Heute gibt es keine Waffel, Giovanni, heute gibt es große Eisbecher. Jungs, sucht euch etwas aus und schlagt ordentlich zu. Für mich bitte einen kleinen Espresso.«

»Prego, Commissario, der Espresso iste immer klein.«

Bob bestellte einen großen Bananensplit, Justus nahm fünf Kugeln Zitroneneis mit doppelt Sahne, und Peter wählte den Rocky-Beach-Spezialbecher.

»Prego, kommte alles sofort. Subito.«

Reynolds blickte die drei ??? gespannt an. »Jetzt erzählt mir von der Sache mit dem Einhorn.« Abwechselnd berichteten die drei, was sich zugetragen hatte. Von der Strandbar, von Andy und Olivia, von dem kleinen Mr Pinkert, seiner Baufirma und dem Räumungsbeschluss. Der Kommissar blickte zu Boden. »Ja, eine traurige Sache. Doch mir blieb keine andere Wahl, als dieses Dokument zu unterschreiben. Gesetz ist Gesetz. Da sind mir die Hände gebunden. Diese beiden Leute am Strand hätten das Grundstück niemals kaufen können, denn es kostet 100.000 Dollar. Mr Pinkert hat übrigens

auch noch nicht bezahlt und das Grundstück bisher nur reserviert.« Die drei Jungen erzählten nun auch vom Diebstahl in der letzten Nacht und dem geheimnisvollen Einhorn. Bei der Geschichte mit den Hufspuren neben dem Holzzaun wurde der Kommissar stutzig. »Meint ihr wirklich, die Spuren stammen von Pferdehufen?«

Giovanni brachte jetzt das Eis und den Espresso, und der Mann mit der Zeitung verlangte einen Kaffee. Sofort machten sich die drei ??? über ihre Eisbecher her. »Ja, eindeutig: Pferdespuren«, antwortete Bob mit vollem Mund. »Wir können uns auch keinen Reim darauf machen.«

Der Kommissar streute einen großen Berg Zucker in seinen Espresso und rührte um. »Es ist wirklich verrückt, was in Rocky Beach passiert. Und das alles kurz vor meiner Pensionierung.« In diesem Moment klingelte sein Diensthandy. »Ja, Reynolds am Apparat. Was gibt's? Ich habe Mittagspause. Was? Das darf doch nicht wahr sein!«

Aufmerksam hatte Justus zugehört und dabei

sein Eis ganz vergessen. »Was ist passiert, Kommissar Reynolds?«

»Auf dem Grundstück der alten Mrs Higgers sind die Rosenbeete verwüstet worden. Die alte Dame hat den Täter beobachtet. Und es war ... Es war ein weißes Einhorn. Ich muss sofort hin. Und ihr kommt bitte mit, denn ihr wisst mehr über den Fall als ich. Das Eis könnt ihr im Polizeiwagen weiteressen. Giovanni! Bitte zahlen!«

Auch der Mann mit der Zeitung bezahlte jetzt seine Rechnung, und der Kommissar lief zu seinem Dienstwagen. »Los, alle einsteigen! Wir fahren mit Blaulicht.« Als der Kommissar mit quietschenden Reifen losfuhr, warf Justus einen Blick durch die Rückscheibe. »Seltsam, der Mann neben uns im Café steigt jetzt auch in sein Auto.«

»Was ist daran seltsam?«, wunderte sich Peter.

»Er hat einen Kaffee bezahlt , der noch gar nicht serviert wurde.«

Rosenkrieg

Mit Blaulicht und Sirene jagte der Polizeiwagen durch die Straßen von Rocky Beach. Die drei Freunde hatten Probleme, ihr Eis aufzuessen, und Bob schmierte sich dabei die Brillengläser ein. Nach wenigen Minuten hatten sie das Ziel erreicht, und der Kommissar stellte vor einer weißen Villa den Motor ab. »So, jetzt bin ich gespannt, was Mrs Higgers zu erzählen hat.«

Sie betraten einen gepflegten Garten. Der Kommissar wurde sogleich von einer älteren Dame zu

sich gewunken. »Da sind Sie ja endlich. Wieso muss man so lange warten, wenn man die Polizei einmal braucht. Und wer sind diese drei Kinder?«

Reynolds setzte seine Dienstmütze auf und reichte der aufgebrachten Dame die Hand. »Bleiben Sie ganz ruhig, und erzählen Sie uns, was passiert ist. Die drei Jungs gehören zu mir. Sie machen ein Praktikum bei der Polizei.« Mrs Higgers bemerkte nicht, dass Kommissar Reynolds den drei ??? verschwörerisch zublinzelte.

Die Dame führte sie über einen kurz geschnittenen Rasen an den Rand des parkähnlichen Grundstücks. »Sehen Sie diese frisch angelegten Rosenbeete? Die Rosenstauden habe ich von einer Freundin aus England erhalten. Sie sind preisgekrönt. Selbst die Queen hat diese seltenen Rosen auf ihrem Landsitz im Holyrood Palace in Edinburgh und ...«

Der Kommissar unterbrach sie. »Bitte kommen Sie zur Sache!«

»Ein Pferd ist durch die Rosenbeete gelaufen

und hat einiges zerstört. Und es war kein normales Pferd. Ich schwöre bei meinem verstorbenen Ehemann: Es war ein Einhorn! Ein weißes Einhorn mit einem Horn auf der Stirn.«

Der Kommissar steckte seinen Notizblock wieder in die Tasche, ohne etwas notiert zu haben. »Mrs Higgers, ich hatte gehofft, dass diese Geschichte in der ersten Aufregung nur bei Ihnen im Kopf entstanden sei. Sind Sie sicher, dass es Ihnen gut geht? Soll ich einen Arzt rufen? Vielleicht stehen Sie unter Schock?«

Die Dame stampfte wütend mit dem Fuß auf. »Denken Sie, ich sei verrückt? Ich habe meine fünf Sinne noch recht gut beisammen. Warten Sie, ich kann es Ihnen beweisen. Ich muss dafür nur schnell ins Haus.«

Kommissar Reynolds schüttelte den Kopf. »Wirklich traurig, aber ältere Leute sind hin und wieder verwirrt. Hoffentlich werde ich nicht genauso. Ihr könnt euch gar nicht vorstellen, warum einige Rentner die Polizei rufen. Mal haben sie Außerirdische gesehen, oder sie hören Stimmen aus dem Ausguss. Aber die Polizei ist verpflichtet, jeder Anzeige nachzugehen. Und ich bin dann der Dumme, der einen Bericht schreiben muss.«

Justus hatte in der Zwischenzeit die frisch angelegten Rosenbeete untersucht. »Mit einer Sache hat Mrs Higgers auf jeden Fall recht: Die Spuren stammen von Pferdehufen.«

Der Kommissar schien darüber nicht sehr verwundert zu sein. »Ganz in der Nähe gibt es einen Reiterhof. Ich denke, das ist des Rätsels Lösung. Wahrscheinlich ist ein Pferd durchgegangen und hier durch die Gärten galoppiert.«

Mrs Higgers kam jetzt zurück. In der Hand hielt sie ein Smartphone der neuesten Generation. »So, Mr Reynolds, ich bin zwar alt, aber nicht auf den Kopf gefallen. Hiermit habe ich das Einhorn fotografiert. Das Gerät hat mir mein Sohn geschenkt. Es hat einen zehnfachen optischen Zoom und macht Bilder mit über 20 Megapixeln. Sehen Sie, das Foto ist gestochen scharf.«

Dem Kommissar stand der Mund offen, als er das Foto betrachtete. Auch die drei ??? beugten sich staunend über das Smartphone. Bob wischte den letzten Rest Eis von seiner Brille. »Das glaube ich nicht. Es ist eindeutig ein Einhorn.«

»Sag ich doch«, herrschte Mrs Higgers ihn an. »Mr Reynolds, was gedenken Sie nun zu tun?«

Der Kommissar kratzte sich am Kopf und sagte das, was er immer sagte, wenn er keine Ahnung hatte: »Ich melde mich bei Ihnen, wenn ich mehr weiß. Wir werden alles tun, was in unserer polizeilichen Macht steht.«

»Tun Sie lieber mehr!«, rief Mrs Higgers ihm ärgerlich hinterher. »Wozu zahle ich Steuern?! Und wer bezahlt mir überhaupt den Schaden? Ich weiß gar nicht, ob ich gegen Einhörner versichert bin. Ich werde sofort meine Freundin in England anrufen.

Was ist, wenn es die Rosen nicht mehr gibt? Na ja, zur Not kenne ich noch einen entfernten Neffen des Kronprinzen und vielleicht ...«

Die letzten Worte der älteren Dame hörten die drei Detektive nicht mehr, denn der Kommissar schlug eilig die Tür seines Dienstwagens zu. »Alle anschnallen, nichts wie weg hier!« Wieder schaltete er das Blaulicht und die Sirene ein. Beim Wegfahren bemerkte Justus aus dem Augenwinkel einen Wagen in der nächsten Seitenstraße. Es war das Auto des Mannes, der im Café Zeitung gelesen hatte.

Das magische Einhorn

Der Kommissar setzte die drei Freunde bei der Polizeiwache ab. »Danke, dass ihr mitgekommen seid. Viel mehr können wir jetzt nicht tun. Ich werde nachher meine Kollegen zur Dienstbesprechung zusammentrommeln. Vielleicht haben die eine Idee. Möglicherweise ist das Pferd aus einer Zirkusshow entlaufen. Oder die drehen hier wieder mal einen Film. Hollywood ist nicht weit, und die Regisseure lassen sich gern solchen Blödsinn einfallen. Bitte seid so nett und bringt die Eisbecher zurück zu Giovanni. Und meldet euch, wenn ihr etwas Neues entdeckt.«

Die drei ??? gaben die Eisbecher ab und gingen zurück zu ihren Fahrrädern. Nachdenklich setzten sie sich auf den Rand des Brunnens am Marktplatz. Unermüdlich knetete Justus seine Unterlippe. »Das ist wirklich ein schwieriger Fall. Ich denke nicht, dass Kommissar Reynolds uns dabei viel weiterhelfen kann.« Bob sah das genauso. »An einen Zirkus oder an Dreharbeiten für einen Hollywood-Film will ich nicht glauben. Wenn die ein Einhorn vermissen würden, hätte sich doch bestimmt schon jemand gemeldet.«

»Und wenn an der Geschichte von Andy doch etwas Wahres dran ist?«, überlegte Peter. »Das kann doch alles kein Zufall sein.«

In dem Moment hielt vor der Bank von Rocky Beach, die sich ebenfalls am Marktplatz befand, ein grauer Kleinwagen. Bob erkannte den Mann, der ausstieg und in die Bank ging, sofort. »Das ist Mr Pinkert! Wahrscheinlich besorgt er sich jetzt das Geld, um das Grundstück bei der Strandbar zu kaufen. Was ist, wenn der hinter alldem steckt? Diesem Typ würde ich einiges zutrauen.«

Peter nickte. »Möglich. Denn wenn das Horn am Surfbrett wirklich so ein gedrehtes Ding von einem echten Einhorn war, dann ist es bestimmt eine Menge wert. Vielleicht hatte Pinkert Angst, dass Andy und Olivia sich dadurch doch noch das Grundstück am Strand kaufen könnten?«

»Das kann gut sein«, überlegte Justus. »Aber wo kommt dann plötzlich dieses Einhorn her, das über Zäune springt und durch Rosenbeete galoppiert?« Bob tauchte seine Brille ins Brunnenwasser und wischte sie erneut sauber. »Möglich ist, dass Pinkert dadurch seine Spuren verwischen wollte.«

Peter stand jetzt auf und stellte sich vor seine beiden Freunde. »Und dieser kleine Mr Pinkert soll sich ein Einhorn besorgt und es anschließend durch die Rosenbeete von Mrs Higgers gejagt haben?! Die Sache klingt dann doch zu verrückt. Dann glaube ich eher an die märchenhafte Einhorngeschichte von dem Opa auf Hawaii.«

»Fragen über Fragen, und wir haben keine Antworten«, sagte Justus. »Lasst uns zurück zum Schrottplatz radeln. Vielleicht haben Andy und Olivia inzwischen etwas Neues herausgefunden.«

Als die drei Detektive mit ihren Rädern durch die Stadt fuhren, stoppte Bob plötzlich vor einem großen Plakat. Es war Werbung für einen neuen Kinofilm aus Hollywood. »Seht mal! Vielleicht hatte der Kommissar doch den richtigen Riecher. Im Kino gibt es gerade einen Film über ein Einhorn. Am Ende ist das Ganze eine riesige Werbekampagne?!«

Justus nickte. »Stimmt. Möglich ist alles.«

Kurz darauf erreichten die drei ??? den Schrottplatz und stellten ihre Räder vor der Veranda ab. Am Tisch saßen Tante Mathilda und Olivia. Letztere winkte den drei Freunden zu. »Stellt euch vor, Mrs Jonas war so nett und hat mir das Rezept für ihren Kirschkuchen aufgeschrieben.« Tante Mathilda hob mahnend den Zeigefinger. »Natürlich musste mir Olivia versprechen, es nicht weiterzugeben. Schließlich steht bald wieder der Backwettbewerb in Rocky Beach an.«

»Selbstverständlich gebe ich das Rezept nicht weiter, Mrs Jonas. Bei mir ist es in guten Händen. Wenn mein Mann und ich eines Tages wieder eine Strandbar eröffnen, dann wird der Kirschkuchen ein Hit.«

Vor dem Wohnwagen saß Andy auf einem Klappstuhl und hatte sein Surfbrett auf dem Schoß. Justus winkte seine Freunde zu sich. »Kommt, vielleicht gibt es etwas Neues.«

Andy begrüßte die drei, als er sie auf sich zukommen sah. »Hallo, Jungs. Gibt es etwas Neues?« Justus zuckte zusammen. »Äh, das wollten wir Sie gerade fragen. Aber es gibt tatsächlich etwas, was wir Ihnen unbedingt erzählen müssen.«

Auch Olivia kam jetzt dazu und setzte sich mit in die Runde. Als Justus von den Vorkommnissen bei Mrs Higgers berichtete, fiel Andy fasst sein Surfbrett herunter. »Ein echtes Einhorn?«, rief er laut. »Dann hat mir Akebono Khanamoku doch keinen Unsinn erzählt. Was ist, wenn an der Geschichte etwas Wahres dran ist?«

Peter zeigte auf das Surfbrett. »Sie meinen, dass sich das Einhorn bei Vollmond irgendwann sein Horn zurückholt?«

Andy nickte. »Ja, warum nicht?« Dann seufzte er tief. »Aber im Grunde kann mir das auch egal sein. Olivia und ich haben schließlich größere Probleme. Wir können nur hoffen, dass Mr Pinkert es sich noch anders überlegt und unser Strandgrundstück nicht kauft.« Bob schluckte und erzählte lieber nicht, dass sie kurz zuvor den kleinen Mann vor der Bank von Rocky Beach gesehen hatten.

»Peter, du sagtest doch, dass du für die Surfmeisterschaft trainierst, oder?«, fragte Andy unvermittelt.

»Ja, die ist übermorgen.«

»Ich könnte dir noch ein paar Tipps geben. Was benutzt du zum Beispiel für ein Wachs?«

»Wozu braucht man Wachs beim Surfen?«, fragte Bob dazwischen.

Peter wusste das natürlich. »Wachs bringt man aufs Deck, also auf die Oberseite des Surfbretts, auf. Dadurch hat man auf dem Brett einen festeren Halt und rutscht nicht so leicht ab.«

Andy hob die Hand und spreizte den Daumen und den kleinen Finger. »Shaka. Genau so ist es. Und es gibt Wachs für kaltes oder warmes Wasser. Und dann gibt es auch noch das spezielle Andy-Wachs.« Er grinste. »Das habe ich mir selbst nach einem Geheimrezept zusammengemischt. Alles, was es im Laden zu kaufen gibt, kannst du dagegen vergessen. Mit meinem Spezialwachs rutschst du nie mehr vom Brett. Aber wisst ihr was? Es ist doch noch gar nicht spät. Warum fahren wir nicht alle zum Strand, und ich zeige Peter noch ein paar Tricks. Auf diese Weise kann ich mich bei euch für eure Hilfe bedanken.«

Peter konnte kaum glauben, was er da hörte. »Cool. Ich bekomme Trainingsstunden von einem der weltbesten Surfer aller Zeiten. Shaka!«

Die perfekte Welle

Bob war gleich einverstanden. Und auch Justus nickte. »Okay, ich komme auch mit. Am Strand kann ich in Ruhe über den Fall nachdenken.«

Olivia ging wieder zu Tante Mathilda auf die Veranda. »Und wir beide werden noch ein bisschen entspannen. Viel Spaß, und kommt nicht zu spät zurück.«

Justus lieh Andy eins von Onkel Titus' alten Fahrrädern, und alle fuhren los. Als sie wenig später die kleine Badebucht erreichten, war diese immer noch gut besucht. Wehmütig blickte Andy auf die Stelle, wo gestern noch seine Strandbar gestanden hatte. Doch dann holte er tief Luft. »Egal, man muss nach vorne schauen. Jetzt kümmern wir uns um die Meisterschaft. Peter, gib mir mal dein Surfbrett. Ich habe einen Wachskamm mitgebracht. Das alte Zeug muss zunächst vom Deck runtergekratzt werden.« Voller Bewunderung sahen die drei ??? dem Surfmeister bei der Arbeit zu.

»So, das haben wir. Und in dieser Dose habe ich mein Spezialwachs. Das Geheimrezept stammt übrigens auch von dem alten Hawaiianer Akebono Khanamoku.«

Als das Brett gewachst war, stieg Andy zusammen mit Peter ins Wasser. Er hatte sein Surfbrett an der Spitze, dort, wo sich vorher das lange Horn befand, notdürftig geflickt. Beide Surfer hatten die Leash an ihren Fußgelenken und dem Surfbrett befestigt. Das kurze Sicherungsseil verhindert, dass ein Surfer bei einem Sturz sein Brett verliert. Als das Wasser tiefer wurde, legten sich Andy und Peter mit dem Bauch auf ihre Bretter und paddel-

ten den hohen Wellen entgegen. Es waren noch einige weitere Surfer unterwegs und warteten auf die perfekte Welle.

Andy wischte sich das Wasser aus dem Gesicht. »Ich denke, die Grundregeln beim Surfen kennst du: Diejenigen, die auf der Welle reiten, haben immer Vorfahrt. Um die perfekte Welle zu erwischen, muss man sich immer hinten anstellen. Und dann gilt natürlich: ein Surfer – eine Welle. Ansonsten kann es im dichten Gedränge zu Unfällen kommen.«

Peter hob den Daumen. »Ja klar, das weiß ich.«

»Okay, dann zeig mir mal, was du draufhast!«

Mit kräftigen Zügen paddelte Peter vorwärts. Vor ihm brach eine große Welle und rollte weiß schäumend auf ihn zu. Peter wusste, was zu tun war. Mit seinem ganzen Gewicht drückte er das Brett vorne runter und zog sich daran schließlich ganz unter Wasser. Aus der Ferne sah es aus, als würde eine Ente abtauchen, darum nannte man diese Technik auch Duck Diving. Kaum war die tosende Weißwasserwelle über Peter hinweggedonnert, schoss er wieder in die Höhe.

Er befand sich jetzt hinter der Brandungszone und wartete auf die perfekte Welle. Schließlich hatte Peter eine ausgemacht und befand sich genau am Peak, dem Punkt, an dem die Welle brach. Mit kräftigen Armschlägen schob er sich vorwärts, und die Welle hob ihn in die Höhe. Dann kam der schwierigste Teil: der Take-off. Hier galt es, in einer schnellen Bewegung mit viel Kraft auf dem Brett zum Stehen zu kommen. Peter stemmte sich, wie bei einem Liegestütz, blitzartig hoch, riss die Beine nach vorn und stand sicher auf dem Brett. Als Goofy-Surfer war sein rechtes Bein vorn, und somit fuhr er in einer Rechtskurve die Welle hinab. Links von ihm brach die Welle, und weiße Gischt donnerte tosend, wie bei einem Wasserfall, in die Tiefe. Jetzt erreichte Peter das Wellental und machte einen Bottom Turn. Bei diesem Manöver drehte er das Brett zurück gegen die Welle und fuhr wieder hinauf. Weiter ging der Ritt entlang dem Wellenkamm, und Peter wurde immer schneller. Hinter ihm begann sich die Welle zu überschlagen. Für einen kurzen Moment tauchte er in den Tunnel ein und musste dabei in die Knie gehen. Mit der rechten Hand konnte er die steil aufsteigende grüne Wasserwand berühren. Laut dröhnte es in seinen Ohren. Langsam kam der Strand in Sicht, und Peter schoss wie ein Delfin aus der Wasserröhre. Dann jagte er über die spitze Welle hinweg, flog ein Stück durch die Luft, machte dabei eine halbe Drehung und tauchte ins Wasser.

Andy hatte alles mit angesehen. »Shaka! Peter, das hast du gut gemacht! Ich kann dir ja kaum noch etwas beibringen. Nur eines vielleicht: Wenn du dich beim Take-off noch etwas mehr in Vorlage bringst, dann bleibt die Nase deines Bretts weiter unten, und du nimmst mehr Fahrt auf. Aber das sind nur Feinheiten. Los, gleich noch mal!«

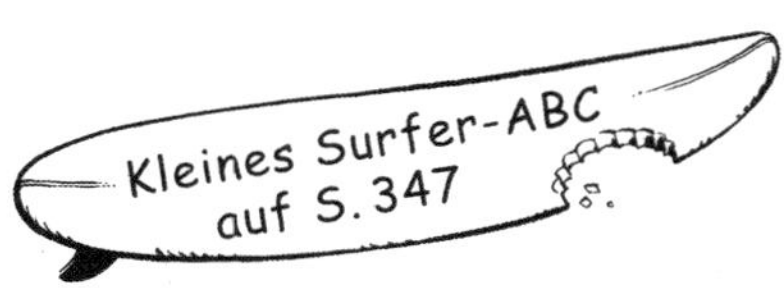

Justus und Bob planschten währenddessen vorne im flachen Wasser und sahen zu, wie ihr Freund durch die Wellen schoss. Doch plötzlich hörten sie vom Strand her erstaunte Rufe der anderen Badegäste. Als sie sich umdrehten, trauten sie ihren Augen nicht: Über den Strand galoppierte ein weißes Einhorn!

Fabelwesen

Peter jagte in diesem Moment mit seinem Surfbrett vor einer Welle. Als auch er das Einhorn entdeckte, verlor er vor Schreck das Gleichgewicht und stürzte kopfüber in das tosende Wasser. Hustend und spuckend wurde er von der Welle zu seinen beiden Freunden gespült. »Seht ihr das da?«, keuchte er und zeigte mit seinem Finger auf den Strand.

Bob stand der Mund offen. »Ja, wir sind ja nicht blind. Aber ich kann es nicht glauben.«

Auch Andy kam jetzt angeschwommen. »Ist das nicht der Hammer?!«, rief er atemlos. »Seit 15 Jahren verbringe ich jede Sekunde hier am Strand. Und kaum bin ich weg, passiert so etwas.«

Das weiße Einhorn hatte mittlerweile die gesamte Bucht durchquert. Dann wechselte es plötzlich die Richtung und galoppierte auf die Felsen zu. Dort gab es einen schmalen und steilen Pfad. Diesen erklomm das Einhorn und verschwand schließlich zwischen dornigem Gestrüpp und Sträuchern.

Sofort begannen die Menschen am Strand, aufgeregt miteinander zu sprechen. Viele hatten ihre Handys und Fotoapparate gezückt und das Fabeltier bei seinem Strandgalopp gefilmt. Justus stand immer noch regungslos im Wasser. »Ich glaube, jetzt gibt es keinen Zweifel mehr: Wir müssen uns damit abfinden, dass in Rocky Beach ein Einhorn herumläuft.«

Andy klopfte ihm grinsend auf die Schulter. »Aber was ist daran so schlimm? Es gibt viele Dinge auf der Welt, die einen verwundern. Fliegende

Fische, sprechende Papageien oder eine Sonne, die jeden Morgen pünktlich aufgeht. Nur haben wir uns eben daran gewöhnt. Ein Wunder bleibt es dennoch.«

Bob fand seine Sprache wieder. »Ja, das schon. Nur scheinen wir die ersten Menschen zu sein, die ein Einhorn mit eigenen Augen gesehen haben. Genauso gut hätte hier der Osterhase mit einem Korb voller Eier entlanghoppeln können.«

Peter musste lachen. »Oder der Nikolaus zusammen mit der Zahnfee und dem Sandmann. Aber es gibt doch tatsächlich immer wieder Tiere, die neu entdeckt werden, oder?«

Justus half dieser Gedanke, um sich wieder zu beruhigen. »Das stimmt. Neulich habe ich gelesen, dass es jedes Jahr über 15.000 Arten sind. Darunter war auch eine Heuschrecke mit über einem halben Meter Länge. Oder ein Frosch, der seine Farbe wechselt. Ausschließen kann man tatsächlich nichts.«

Andy erklärte das Surftraining auf jeden Fall für

beendet, und alle vier liefen aus dem Wasser zurück an den Strand. Immer noch waren die Badegäste in heller Aufregung. Viele telefonierten, und ein paar Männer hatten sogar versucht, das Einhorn zu verfolgen. Erfolglos und leicht zerkratzt kamen sie jetzt aus dem dornigen Gebüsch am Steilfelsen zurück.

Peter schnappte sich sein Handtuch. »Dann hat Mrs Higgers doch keine Gespenster gesehen.«

»Richtig«, gab ihm Bob recht. »Aber neben der Theorie mit der neuen Tierart gibt es immer noch die Theorie mit dem Film aus Hollywood.«

Justus zog sich sein T-Shirt über. »Genau, das haben wir ganz vergessen. Das Ganze könnte Werbung für diesen Kinofilm sein. *Das magische Einhorn.*«

Es war bereits später Nachmittag, und viele der Strandbesucher verließen die Badebucht und gingen zurück zum Parkplatz. Ihnen entgegen kam ein kleiner Mann mit langer Hose und schwarzen Socken. Zwei weitere Männer folgten. Diese trugen Arbeitskleidung und hatten einen großen Werkzeugkasten bei sich.

Andy drehte sich genervt weg. »Pinkert, der Idiot. Der hat mir gerade noch gefehlt.«

Zielstrebig gingen die drei Männer zum Platz der ehemaligen Strandbar. Mr Pinkert faltete einen großen Plan auseinander und gab den beiden Arbeitern Anweisungen. Diese begannen jetzt, an verschiedenen Stellen mit einem großen Hammer rote Holzpflöcke in den Boden zu rammen.

Bob ahnte, was dies zu bedeuten hatte. »Das sind wahrscheinlich die ersten Vorbereitungen für den Bau des Hotels.«

Justus knetete wieder seine Unterlippe und dachte angestrengt nach. »Seltsam, kaum ist das Einhorn verschwunden, taucht der hier auf. Irgendwie habe ich das Gefühl, dass das alles auf eine uns noch unbekannte Weise zusammenhängt.«

Andy steckte sein Surfbrett schräg in den Sand und lehnte sich dagegen. »Jungs, ihr macht euch zu viele Gedanken. Genießt das Leben und seid locker. Shaka! Ich bleibe auf jeden Fall noch eine Weile hier und sehe mir den Sonnenuntergang an. Den habe ich gestern vermisst. Fahrt ruhig voraus zum Schrottplatz, ich komme später nach.«

Immer noch nachdenklich gingen die drei ??? zurück zum Parkplatz und schwangen sich auf ihre Räder. Neben dem grauen Kleinwagen von Mr Pinkert entdeckte Justus noch ein bekanntes Auto. »Der Wagen gehört diesem Typ mit der Zeitung aus dem Eiscafé. Das kann alles kein Zufall sein.«

Wenig später erreichten die drei Detektive den Schrottplatz. Alles war in ein rötliches Abendlicht getaucht. Von der Veranda aus begrüßte sie Tante

Mathilda. »Hallo, ihr drei! Ihr kommt gerade rechtzeitig zum Abendbrot.« Auch Onkel Titus saß am Tisch und zündete Kerzen an. »Diesmal wird das Abendessen etwas Besonderes, denn Olivia hat es zubereitet. Sie will uns zeigen, was waschechte Surfer gerne essen.«

Justus' Magen knurrte, und ihm lief das Wasser im Mund zusammen. Seit dem Eis bei Giovanni hatte er nichts mehr gegessen. Eilig stellte er sein Rad ab und setzte sich in einen der Korbstühle am Tisch. »Lecker, was gibt es denn?«

Auf die Antwort brauchte er nicht lange zu warten, denn in diesem Moment kam Olivia aus der Küche. In den Händen hielt sie ein riesiges Tablett. Darauf waren nicht etwa Hotdogs oder gegrillte Würstchen, sondern ein Berg mit gekochten Krebsen. Justus ließ vor Schreck die Gabel fallen. »Shaka«, murmelte er.

Doch die Krebse waren leckerer als gedacht. Olivia hatte mehrere Soßen zubereitet und reichte geröstetes Brot dazu. Es machte zwar etwas Mühe, mit Messer, Gabel und einer speziellen Zange an das Krebsfleisch zu gelangen, doch bald hatten die drei ??? den Bogen raus. Bob nahm sich bereits den zweiten Krebs. »Langsam gefällt mir das Surferleben. Kein Wecker, keine Schule, und wenn man Hunger hat, dann fischt man sich einfach ein paar Krebse aus dem Meer.« Olivia lachte und reichte ihm ein Stück Brot. »Ja, wenn das alles nur so einfach wäre.«

Wenig später kam auch Andy dazu. Die Geschichte mit dem Einhorn am Strand hatte sich wie ein Lauffeuer in der Stadt herumgesprochen. Und natürlich war sie auch das Gesprächsthema auf der Veranda der Familie Jonas. Schließlich pustete Onkel Titus die Kerzen aus. »Na, wenn diese verrückte Geschichte die Runde macht, dann wird bei uns in Rocky Beach in den nächsten Tagen einiges los sein.«

Sensationsnachrichten

Am nächsten Morgen wurde Justus durch lautes Hupen geweckt. Müde kletterte er aus dem Bett und öffnete das Fenster. Jetzt hörte er es noch viel lauter. Und es war nicht nur eine Hupe, sondern es waren hunderte. Durch die Toreinfahrt sah er etwas, was es vor dem Schrottplatz seines Onkels sonst nie gab: einen Stau! In Windeseile zog er sich an und rannte die Holztreppe hinunter. Auf der Veranda saßen schon Onkel Titus und Tante Mathilda. Gleichzeitig kamen Peter und Bob mit ihren Rädern angefahren. »Was ist los?«, rief Justus. »Wo kommen die ganzen Autos her?«

Sein Onkel reichte ihm die Morgenzeitung. »Sieh selbst.«

Bob nahm dem verdatterten Justus die Zeitung aus der Hand. »Hör dir an, was hier steht: *Und es gibt sie doch! Fotos beweisen es, und hundert Zeugen haben es gesehen. Ein Einhorn mitten in Rocky Beach! Unser Reporter Marc Snyder war dem Fa-*

belwesen auf der Spur. Möglicherweise hat das Horn magische Kräfte, wie eine alte Sage erzählt. Dann wäre es Millionen wert. Geheime Spuren führen zu einem alten Hawaiianer. Lesen Sie morgen den zweiten Teil dieser sensationellen Geschichte!«

Peter zeigte auf das Foto mit dem Einhorn am Strand. »Das dahinten im Wasser sind wir drei mit Andy.«

Justus ballte die Faust. »Ich habe es die ganze Zeit geahnt. Wisst ihr noch: der Mann mit der Zeitung im Café bei Giovanni? Das muss dieser Reporter gewesen sein: Marc Snyder. Seinen Wagen haben wir gestern in der Nähe von Mrs Higgers und auf dem Parkplatz am Strand gesehen. Als wir uns im Eiscafé mit Kommissar Reynolds trafen und die Geschichte erzählten, muss er uns belauscht haben.«

Bob legte die Zeitung zur Seite. »Für einen Reporter ist das natürlich die Story seines Lebens. Und jetzt weißt du auch, warum halb Kalifornien nach Rocky Beach aufgebrochen ist.«

ROCKY BEACH TODAY
SENSATiON: EiNHORN iN ROCKY BEACH GESiCHTET
von Marc Snyder
GROSSER BERiCHT AUF SEiTE 3.

Justus schnappte sich schnell noch ein Brötchen. »Freunde, das müssen wir uns ansehen. Los, wir fahren in die Stadt.«

Als sie zu den Rädern liefen, rief Tante Mathilda ihnen hinterher: »Aber ihr habt doch noch gar nicht gefrühstückt!« Justus winkte mit dem Brötchen und schwang sich auf sein Fahrrad. Tante Mathilda schüttelte den Kopf. »Na, das können ja heitere Ferien werden. Dann bekommen das Frühstück eben Andy und Olivia. Die schlafen noch.«

Die ganze Küstenstraße war mit Autos verstopft. Alle wollten ins Zentrum von Rocky Beach. Mitten in der Blechkarawane stand auch ein großer Übertragungswagen vom Fernsehen. Mit ihren Rädern konnten die drei ??? am Stau vorbeifahren. Je näher sie dem Marktplatz kamen, desto voller wurde es. Schließlich erreichten sie das Stadtzentrum und stellten ihre Räder in einer Seitenstraße ab. Überall parkten Autos, und der Marktplatz war restlos überfüllt.

Auch vor Porters Laden hatte sich eine Menschentraube gebildet. Der clevere Geschäftsmann des kleinen Gemischtwarenladens von Rocky Beach hatte wie immer schnell auf das Ereignis reagiert und verkaufte kleine weiße Einhörner aus Plüsch. Er selbst stand auf einer Klappleiter und warf einige der Plüschfiguren in die Menge. »Kommen Sie und kaufen Sie. Nur hier und heute und jetzt gibt es das Original-Rocky-Beach-Einhorn zum Sonderpreis. Nehmen Sie zwei und zahlen Sie nur drei. Mehr kann man nicht sparen.« Bob musste lachen. »Porter macht wirklich aus allem ein Geschäft.«

Auf der gegenüberliegenden Seite, vor dem Polizeirevier, war es noch voller. Hier drängten sich die Menschen, und Väter hatten ihre Kinder auf die Schultern gehoben. Auf den Stufen zur Polizeiwache stand Kommissar Reynolds. Er war schweißüberströmt und hielt ein Megafon in der Hand. Mit heiserer Stimme krächzte er hinein. »Meine Damen und Herren, bitte beruhigen Sie sich! Ich gebe Ihnen Auskunft, wenn ich mehr weiß. Wir werden alles tun, was in unserer Macht steht.«

Neben ihm erkannte Justus den Reporter Marc Snyder. Dieser bedrängte den Kommissar mit Fragen. »Was können Sie unseren Lesern über das Einhorn sagen? Rufen Sie den Notstand aus?«

Der Kommissar hielt dem Reporter das Megafon jetzt direkt ans Ohr. »Nein, wir werden alles tun, was in unserer Macht steht.«

Dem Reporter hatte es bei der Lautstärke den Scheitel verweht, und leicht benommen stieg er die Stufen wieder hinunter.

Ein anderer Mann stellte jetzt Fragen. »Kommissar Reynolds, wem gehört das Einhorn? Kann man es kaufen? Und gibt es eine Strafe, wenn man es einfängt?« Der Kommissar schien genug zu haben und verschwand hinter der Tür zur Polizeiwache.

»Den brauchen wir nicht weiter zu befragen«, seufzte Peter. »Für Reynolds ist der Tag gelaufen. Ihm hat das Einhorn kein Glück gebracht. Das wird ein langer Bericht werden, den er schreiben muss.«

Mittlerweile war auch der große Übertragungswagen vom Fernsehen auf dem Marktplatz angekommen. Scheinwerfer wurden aufgebaut, und eine Moderatorin in knallrotem Jackett begann, vor der Kamera Leute zu interviewen. Sie suchte sich ausgerechnet Marc Snyder aus. Aufgeregt sprach sie ins Mikrofon: »Wir sind jetzt live am Geschehen in Rocky Beach. Mein Herr, darf ich Sie fragen, ob Sie das Einhorn auch schon zu Gesicht bekommen haben?«

Der Reporter schien immer noch verwirrt und bohrte sich mit einem Finger im Ohr. »Nein, ich habe keine Gicht bekommen«, antwortete er fast schreiend. Die Moderatorin zuckte kurz zusammen. »Glauben Sie, dass es hier noch mehr von diesen weißen Einhörnern gibt?«

»Sie fragen, ob es bei mir piept? Ja, und wie. Seitdem mir der Kommissar ins Ohr gebrüllt hat.«

»Äh, ja. Ich danke Ihnen für das Interview.«

»Gut, bleiben wir beim Du.«

Justus zog seine beiden Freunde zur Seite. »Ich glaube, hier werden wir nichts Neues erfahren. Die sind alle verrückt geworden. Lasst uns lieber zum Strand radeln. Vielleicht taucht ja dort das Einhorn noch mal auf.«

Peter war begeistert. »Sehr gut. Dann kann ich auch gleich noch ein letztes Mal für die Surfmeisterschaft trainieren. Shaka.«

Feuerzauber

Den Rest des Tages verbrachten die drei ??? in der kleinen Badebucht. Zuvor hatten sie sich auf dem Schrottplatz mit Proviant eingedeckt, und Peter hatte sein Surfbrett geholt. In den Wellen trainierte er unermüdlich und war die meiste Zeit im warmen Wasser. Justus und Bob lagen auf ihren Handtüchern. Doch bis zum späten Nachmittag war von einem Einhorn nichts zu sehen. Dort, wo die Strandbar gestanden hatte, war jetzt ein großes Bauschild aufgebaut. Ein schneeweißes Hotel war darauf abgebildet. Auf dem Bild sah man kleine Kinder im Sand spielen, und eine braun gebrannte Frau im Bikini trank mit einem Strohhalm aus einer Kokosnuss. Bob verzog das Gesicht. »Die Strandbar hat mir besser gefallen.«

Als die Sonne unterging, kam auch Peter aus dem Wasser. Völlig erschöpft ließ er sich auf sein Handtuch fallen. »Hoffentlich sind die Wellen morgen bei der Meisterschaft auch noch so gut.«

Die drei Detektive hatten nicht bemerkt, dass sich ihnen jemand von hinten genähert hatte. »Na, zieht es euch auch an den Strand zum Sonnenuntergang?« Es war Andy, und neben ihm stand seine Frau Olivia. Die beiden setzten sich zu den Jungen, und Justus berichtete, was in der Stadt los war.

Olivia schüttelte den Kopf. »Ja, es ist wirklich verrückt. Selbst auf dem Schrottplatz haben Leute nach dem Einhorn gesucht. Einige wollten es sogar einfangen.«

Andy nahm seine Sonnenbrille ab. »Und irgendwie ist das Ganze auch unsere Schuld. Hätte mir nur damals Akebono Khanamoku nicht dieses Horn geschenkt.«

»Aber dafür können Sie doch nichts«, sagte Peter. »Niemand konnte ahnen, was das für einen Trubel auslösen würde.«

Doch Andy antwortete nicht darauf. Mit starrem Blick sah er auf den Sonnenuntergang. Olivia stand jetzt auf. »Lasst uns ein Feuer machen. Als Andy und ich noch die Strandbar besaßen, verging kein Abend ohne Feuer. Kommt mit! Dort drüben haben wir uns eine kleine Feuerstelle eingerichtet.«

Die drei ??? und Andy folgten ihr, und wenig später saßen sie alle gemeinsam um ein prasselndes Lagerfeuer. Die Sonne war fast verschwunden, und das Wasser färbte sich glutrot. Hinter ihnen ging der Vollmond auf, und über ihren Köpfen waren die ersten Sterne zu erkennen. Peter nahm einen Schluck aus der Wasserflasche. »Das wäre mein Traumleben«, seufzte er. »Am Tag surfen und abends am Feuer sitzen. Da würde mir nie langweilig werden.«

Plötzlich durchbrach Andy sein langes Schweigen. »Ich habe nachgedacht«, begann er mit ruhiger Stimme. »Der Zauber des Einhorns muss wieder rückgängig gemacht werden. Durch mich ist das Horn hierhergekommen, und durch mich wird es den Weg zurückfinden.«

Seine Frau sah ihn verwundert an. »Ich verstehe nicht. Was hast du vor?«

»Olivia, ich habe dir niemals die ganze Geschichte erzählt. Alles sollte ein Geheimnis bleiben. Das musste ich Akebono Khanamoku versprechen.

Doch nun ist es anders gekommen.« Er zog aus seiner Hosentasche einen kleinen Lederbeutel. »Akebono Khanamoku sagte damals zu mir: Wenn das weiße Einhorn eines Tages in Gefahr ist, dann kann es durch den Feuerzauber gerettet werden.

Er gab mir diesen Beutel und zeigte mir alles. Rutscht ein wenig zurück. Ich habe keine andere Wahl.«

Staunend sahen sie Andy zu, wie er begann, ums Feuer zu tanzen. Dabei trommelte er sich auf die Brust und sang ein seltsames Lied:

»*Ha ʻaheo ka ua i nã pali*
Ke nihi a ʻela i ka nahele
E hahai ana paha i ka liko
Pua ʻãhihi lehua o uka
Aloha ʻoe, aloha ʻoe
E ke onaona noho i ka lipo
A fond embrace
A hoʻi aʻe au.«

Dann öffnete er den kleinen Lederbeutel und schüttete ein orangefarbenes Pulver in seine Handfläche. »Dieses Lied singt man auf Hawaii bei je-

dem Schiff, das kommt und geht, zur Begrüßung und zum Abschied. Und so wie das Einhorn kommt und geht, rettet es nun der Feuerzauber.« Mit diesen Worten warf er das Pulver ins Feuer. Im selben Moment züngelte eine hohe Stichflamme empor, und die drei ??? rückten erschrocken noch ein Stück nach hinten. Andy verschränkte die Arme, holte tief Luft und setzte sich dann wieder in den Sand. »Es ist vollbracht.«

Bob sah ihn mit großen Augen an. »Was ist vollbracht?«

»Das Horn ist zurückgekehrt, und das Einhorn hat seine Ruhe.«

Auch seine Frau schien kein Wort zu verstehen. »Ja, aber wo ist das Horn? Du sprichst in Rätseln.«

Andy nahm nun die Wasserflasche und löschte damit das Feuer. »Die Flammen haben es wiedergebracht. Seht selbst!«

Mit einem langen Stock schob Olivia die zischenden Holzreste des Feuers zur Seite. Peter suchte sich ebenfalls einen Stock und half mit.

Zum Schluss schoben sie auch noch den heißen Sand beiseite.

»Da ist was!«, rief Peter plötzlich. »Etwas Hartes.«

Jetzt gab es kein Halten mehr. Alle stocherten im Sand und hoben schließlich etwas Langes und Dünnes heraus. Es war das Horn, das sich zuvor an Andys Surfbrett befunden hatte.

Achtung, Auktion!

»Das gibt es nicht!«, entfuhr es Bob. »Das Horn des Einhorns ist wirklich zurückgekehrt.«

Andy nickte betrübt. »Ja, doch durch den Feuerzauber ist auch die Magie des Horns erloschen. Es ist wertlos geworden. Ihr könnt es ins Meer werfen.« Dann stand er auf und ging, ohne sich noch einmal umzudrehen, zu der Stelle, wo früher seine Strandbar gewesen war. Schließlich verschwand er in der Felsenhöhle.

Justus wollte hinterherlaufen, doch Olivia hielt ihn zurück. »Lass ihn. Er will allein sein.«

Bob nahm das lange Horn in die Hand. Es war nur leicht warm. »Aber wir können das Ding doch nicht einfach wegwerfen, Magie hin oder her. Wisst ihr, was all die Leute, die heute in Rocky Beach waren, dafür zahlen würden?«

Peter nickte. »Ein Vermögen! Es wäre wirklich eine Verschwendung, das Horn im Meer zu versenken. Was sagst du dazu, Just?«

Der Anführer der drei ??? knetete seine Unterlippe. Er wusste immer noch nicht, was er von alldem halten sollte. »Von Onkel Titus habe ich gelernt, dass man nichts wegwerfen sollte«, antwortete er. »Alles ist zu irgendetwas zu gebrauchen. Und dieses Horn des Einhorns kann man dazu gebrauchen, die Strandbar zurückzukaufen.«

Bob klatschte begeistert in die Hände. »Ja! Das ist die Idee des Tages.«

»Shaka!«, rief Peter.

Jetzt waren die drei ??? nicht mehr aufzuhalten, und Justus hatte auch schon einen Plan im Kopf. Olivia verabschiedete sich von den Jungen, denn sie wollte bei ihrem Mann bleiben. »Ich drück euch die Daumen, Jungs. Wir kommen später nach.«

Auf dem Rückweg erklärte Justus den Plan. »Wir werden morgen Mittag um Punkt zwölf Uhr das Horn des Einhorns versteigern. Und zwar auf dem Schrottplatz. Onkel Titus müssen wir einweihen, denn er muss uns bei der Versteigerung als Auktionator helfen. Damit kennt er sich aus.«

Peter radelte dicht neben Justus. »Und wie sollen die Leute davon erfahren?«

»Ich werde noch heute den Reporter von der *Rocky Beach Today* anrufen. Dann steht die Auktion morgen früh in der Zeitung.«

Tante Mathilda und Onkel Titus saßen noch auf der Veranda, als die drei ??? eintrafen. »Na, ihr seid ja lange unterwegs gewesen«, riefen sie ihnen entgegen. »Wisst hier überhaupt, was hier heute los war?« Justus nickte. »Das wissen wir. Und morgen wird hier noch mehr los sein. Wir müssen euch nämlich etwas erzählen.« Mit diesen Worten legte er das Horn auf den Tisch.

Es dauerte über eine halbe Stunde, bis die drei Jungen abwechselnd alles berichtet hatten. Ungläubig fragte Tante Mathilda immer wieder nach. Doch schließlich ergriff Onkel Titus das Wort. »Egal, was an der Geschichte dran ist, für mich ist der Fall klar. Schließlich bin ich Kaufmann. Auf dem Tisch liegt ein Horn, das eine Menge Geld bringen kann, denn da draußen laufen Leute herum, die es unbedingt haben wollen. Das ist die Basis für ein gutes Geschäft. Wir machen es genau so, wie ihr es vorgeschlagen habt. Justus ruft bei der Zeitung an, und ich bereite die Auktion vor.«

Tante Mathilda war auch dabei. »Und ich kümmere mich um den Getränkeverkauf, denn für das *Titus Jonas' Gebrauchtwarencenter* soll auch etwas dabei abfallen. Ich brauche nämlich dringend einen neuen Backofen.«

Es wurde recht spät an diesem Abend, und Justus fiel nach getaner Arbeit todmüde ins Bett. Diese Nacht wurde er von keinem Geräusch geweckt und schlief tief und fest.

Justus erwachte vom lauten Klappen einer Autotür. Verschlafen stolperte er zum offenen Fenster und sah hinaus. Doch als er den kleinen grauen Wagen von Mr Pinkert erblickte, zog er sich schnell wieder zurück. Aus seinem Zimmer konnte er gut beobachten, wie Onkel Titus den Mann begrüßte. »Guten Morgen, was kann ich für Sie tun?«

Der kleine Mann faltete eine Zeitung auseinander. »Guten Tag. Ich will es kurz machen: Mein Name ist Pinkert, und ich arbeite für eine große Baufirma. Ich habe von der Auktion in der Zeitung gelesen, und mein Chef ist sehr interessiert an diesem berühmten Einhorn. Er möchte das Horn des Tieres über der Rezeption seines neuen Hotels anbringen. Als Glücksbringer. Nennen Sie mir einen Preis, ich kaufe es Ihnen ab.«

Onkel Titus kratzte sich verwundert am Kopf. »Sie kommen ja wirklich gleich zur Sache. Aber ich will es auch kurz machen: Ich kann Ihnen dieses Horn nicht verkaufen. Es ist für eine Versteigerung bestimmt.«

»Ich weiß. Sagen Sie mir einfach einen Preis!«

In diesem Moment stürmten zwei weitere Männer in schwarzen Anzügen auf den Schrottplatz. »Was ist der Preis? Was ist der Preis?«, schrie der eine. Und der andere wedelte mit einem Bündel Dollarnoten in der Luft. »Verkaufen Sie *uns* das Einhorn!«

Onkel Titus wurde ärgerlich. »Das darf ich nicht und will ich nicht, meine Herren. Die Versteigerung ist öffentlich ausgeschrieben worden, sie muss stattfinden. Das ist Auktionsgesetz. Kommen Sie heute Mittag um zwölf Uhr wieder. Derjenige, der am meisten bietet, erhält das Horn.« Mit diesen Worten ging er zurück ins Haus.

Die beiden Männer im Anzug verließen enttäuscht den Platz, und der kleine Mr Pinkert stieg mit grimmigem Blick wieder in seinen Wagen. Fast hätte er beim Losfahren Peter und Bob übersehen. Im letzten Moment konnten die beiden mit ihren Rädern ausweichen.

Blitzschnell rannte Justus die Treppe hinunter,

denn er wollte nicht wieder der Letzte sein. Auf der Veranda begrüßte er seine beiden Freunde. »Guten Morgen, ihr Schlafmützen. Ich sitze hier schon eine halbe Stunde und warte auf euch.«

Bob lachte ihn aus. »Vergiss es, Just. Du kannst nicht gut lügen. Du hast schon wieder deinen Schlafanzug an.«

»Okay, ist schon gut. War ein Versuch. Aber wisst ihr, wer eben hier war?«

»Ja«, antwortete Peter, »dieser Pinkert. Der hätte uns fast überfahren.«

Schnell erzählte Justus, was er gesehen und gehört hatte. Bob zog eine zusammengerollte Tageszeitung aus seiner Tasche. »Pinkert und die ande-

ren beiden Männer haben bereits von der Auktion gelesen. Dein Plan ist voll aufgegangen.«

Peter hob den Daumen. »Besser geht's nicht. Aber woher haben die das Foto von dem Horn, Just?«

»Das habe ich abends noch schnell abfotografiert und an die Zeitung geschickt.«

Jetzt kam auch Onkel Titus auf die Veranda. In den Händen hielt er ein rotes Samtkissen, auf welches er das weiße Horn gelegt hatte. »So, bald geht es los. Hier ist das gute Stück. So eine spannende Auktion habe ich noch nie durchgeführt. Wichtig ist, dass alle Interessenten einen Platz haben und gut sehen können. Ich werde die Veranda als Bühne benutzen. Mathilda verkauft am Küchenfenster Getränke, und ihr passt auf, dass die Leute nicht die Einfahrt zuparken.«

Justus bemerkte, dass sich im Inneren des Wohnwagens eine Gardine bewegte. »Los, die beiden scheinen wach zu sein. Ich bin gespannt, was Andy zu der Versteigerung sagt.«

Die drei ??? liefen schnellen Schrittes zum Campingwagen hinüber. Doch plötzlich blieb Justus abrupt stehen. »Pst! Hört ihr das?«

Bob legte die Hände wie einen Trichter hinter die Ohren. »Ja, im Wohnwagen klingelte ein Handy. Was ist daran so besonders?«

Doch auch Peter zuckte jetzt zusammen. »Das ist seltsam, weil Andy gesagt hat, dass Olivia und er sich niemals ein Handy anschaffen würden.«

»Richtig«, sagte Justus leise. »Irgendetwas stimmt da nicht.« Vorsichtig bewegte er sich auf das halb geöffnete Fenster des Campinganhängers zu. Peter und Bob folgten ihm.

Das Handyklingeln hatte aufgehört, und Andys Stimme war deutlich durch das Fenster zu hören.

»Ja? Ah, danke, dass du zurückrufst, Jayden. Ich musste nämlich gestern meinen Plan ändern. Die Sache läuft aus dem Ruder, und für Betty wird das zu gefährlich. Die kann nicht noch mal los. Ja, alles klar. Ich komme vorbei und helfe dir. Shaka.«

Justus gab seinen beiden Freunden ein Zeichen

und zeigte auf einen Berg alter Autoreifen. Schnell versteckten sich alle drei dahinter. Im selben Moment trat Andy aus dem Wohnwagen, blickte sich kurz um und verschwand auf dem alten Fahrrad von Onkel Titus durch die Toreinfahrt.

»Freunde, hier ist etwas oberfaul«, rief Justus. »Los, wir fahren ihm hinterher.« Ohne zu zögern, folgten ihm Peter und Bob, denn auch sie hatten plötzlich ein ganz merkwürdiges Gefühl.

Schnell hatten die drei Jungen Andy auf der Küstenstraße eingeholt und radelten mit einem gewissen Abstand hinter ihm her. Sie fuhren in Richtung Rocky Beach, vorbei an schönen weißen Villen. Bob deutete auf einen der gepflegten Gärten. »Seht mal, da ist Mrs Higgers!« Die ältere Dame war gerade dabei, ihre Rosen zu schneiden. Sie trug schicke, cremefarbene Handschuhe.

Wenige hundert Meter weiter stoppte Andy vor einem riesigen Holzschuppen. Auf einem Schild stand: JAYDENS REITERHOF.

Schnell versteckten die drei ??? ihre Räder in einem Gebüsch am Straßenrand und schlichen hinterher. Der Holzschuppen entpuppte sich als Stall mit einer kleinen Weide davor. Hinter aufgestapelten Strohballen gingen die drei in Deckung. Von hier aus konnten sie beobachten, wie Andy einen etwa gleichaltrigen Mann begrüßte. Auch dieser trug eine Muschelkette um den Hals. »Jayden, es gibt eine Planänderung. Betty muss wieder Betty werden. Die Leute fangen sie uns sonst noch ein.«

Der Mann namens Jayden hob die Hand und spreizte den Daumen und den kleinen Finger ab. »Shaka. Immer cool bleiben, Andy. Komm, wir gehen in ihre Box und erledigen das.«

Das Herz klopfte den drei Detektiven bis zum Hals. Hintereinander schlichen sie in den großen Stall und beobachteten, wie die beiden Männer eine Pferdebox öffneten, über der ein Schild hing, auf dem BETTY stand. Jayden nahm nun eine große Bürste und zeigte auf einen Wasserschlauch. »Andy, du spritzt sie ab, und ich bürste ihr das Zeug vom Fell.«

Justus, Peter und Bob schlichen noch näher heran. Dann konnten sie in die Box blicken. Dort stand ein Pferd, so weiß wie Schnee. »Das Einhorn«, flüsterte Peter. Doch alle drei wussten längst, dass sie einen Schwindel aufgedeckt hatten. Andy richtete nun den Wasserstrahl auf den Pferderücken, und Jayden strich mit der Bürste drüber. Sofort lief eine dicke weiße Soße herunter, und das echte Fell kam zum Vorschein. Betty war hellbraun.

Aufgeflogen

Justus hatte genug gesehen. Er trat entschlossen aus dem Versteck und drehte den Wasserhahn ab. »Nanu?«, wunderte sich Andy. »Was ist denn mit dem ...« Als er Justus erblickte, ließ er den Schlauch fallen. »Jayden, wir haben Besuch bekommen«, murmelte er.

Auch Peter und Bob kamen nun aus ihrer Deckung. Für einen Moment sahen sich alle schweigend an. Nur das Pferd fraß in aller Ruhe Hafer aus einem Eimer. Schließlich holte Andy tief Luft. »Ich denke, es macht keinen Sinn, sich herauszureden. Jetzt kennt ihr das Geheimnis des weißen Einhorns. Schluss mit dem Spiel. Ich werde alle eure Fragen beantworten.«

»Sie und Olivia haben uns belogen«, sagte Justus. »Wann kamen Sie auf die Idee mit dem Einhorn?«

Andy ließ den Kopf hängen und setzte sich auf einen umgedrehten Blecheimer. »Wir wussten uns einfach nicht mehr zu helfen. 15 Jahre haben wir damit verbracht, die Strandbar aufzubauen. Und irgendwann haben wir ganz vergessen, dass das Grundstück nicht uns gehört und wir nur geduldet werden. Dann kam eines Tages Mr Pinkert. Er hat uns gedroht und uns bei der Polizei angezeigt. Als wir dann die Strandbar räumen mussten und die erste Nacht im Wohnwagen auf dem Schrottplatz verbrachten, haben Olivia und ich uns diesen Plan ausgedacht. Wir waren uns sicher: Der Plan ist perfekt. Wir wussten, dass manche Menschen für ein magisches Einhorn viel Geld ausgeben würden. Geld, das wir dringend brauchten, um das Grundstück für die Strandbar zu kaufen, bevor es Mr Pinkert mit seiner Baufirma tut. Wir brauchten den Menschen nur zu beweisen, dass es dieses Einhorn tatsächlich gibt und die Geschichten rund um das Fabeltier wahr sind.«

Jetzt fuhr sein Freund Jayden fort: »Genau so war es. Andy rief mich an und erzählte mir von seinem Plan. Wir zwei kennen uns aus alten Surferzeiten. Ich war sofort dabei. Wir haben Betty mit weißem Kreidestaub eingerieben, und das spitze Horn von Andys Surfbrett wurde mit durchsichtigen Plastikriemen befestigt. Nur drei Auftritte reichten, damit ganz Rocky Beach verrücktspielte. Erst haben wir Betty über den Zaun des Schrottplatzes springen lassen, dann durch die Rosenbeete der alten Dame in der Nachbarschaft. Und am nächsten Tag ließen wir sie am Strand galoppieren.«

»Und das Horn?«, fragte Peter neugierig. »Wie wurde es in das Lagerfeuer gezaubert?«

Jetzt sprach wieder Andy weiter. »Das Horn ist eigentlich der Stoßzahn eines Narwals. Früher hat man tatsächlich geglaubt, dass dieses Horn zur Sagengestalt des Einhorns gehört. Und tatsächlich hat es mir der alte Hawaiianer Akebono Khanamoku geschenkt. Dieser Teil der Geschichte ist wahr. Heute ist der Narwal übrigens durch ein Artenschutzgesetz geschützt. Auch der Handel mit dem Horn ist streng geregelt. Keine Sorge, ich besitze alle nötigen Nachweise und Papiere. Tja, und hergezaubert habe ich das Horn natürlich nicht. Olivia hatte es unter der Lagerfeuerstelle vergraben. So brauchte es nur etwas Hokuspokus, um es erscheinen zu lassen. So, das ist die ganze Geschichte. Jetzt könnt ihr euch überlegen, ob ihr mich und Olivia verraten wollt.«

Justus knetete seine Unterlippe. »Außer den Rosen von Mrs Higgers ist ja eigentlich kein wirklicher Schaden entstanden. Und die Rosen kann man ersetzen. Aber bevor wir weiter nachdenken, wie wir mit dieser Lügengeschichte umgehen, lasst uns zum Schrottplatz zurückfahren. Gleich beginnt die Auktion. Und wenn dort jemand im Glauben an ein echtes Fabelwesen das Horn für viel Geld ersteigert, dann tritt wirklich ein Schaden ein.« Andy war einverstanden. »Gut, fahren wir zurück. Jayden bleibt hier und kümmert sich um Betty. Ich übernehme für alles die volle Verantwortung. Mein Freund hat damit nichts zu tun. Es war alles meine Idee.«

Zum Ersten, Zweiten, Dritten!

Auf dem Gelände des Schrottplatzes war jede Menge los. Vor der Veranda hatte sich eine große Menschentraube versammelt. Hektisch lief Onkel Titus hin und her und blickte nervös auf seine Armbanduhr. Vor dem Küchenfenster stand eine lange Schlange. Jeder wollte bei der Hitze ein kaltes Getränk, und Tante Mathilda kam mit dem Verkauf kaum hinterher. Ganz vorne, direkt vor der Veranda, stand Mr Pinkert und telefonierte. Die drei ??? entdeckten auch die anderen beiden Männer in der Menge, die in der Früh bereits auf dem Schrottplatz gewesen waren, außerdem Mr Porter, Giovanni und Kommissar Reynolds. Selbst das Fernsehen war vor Ort, und die Moderatorin im roten Jackett interviewte Schaulustige. Auch der Reporter Marc Snyder war da und schoss unentwegt Fotos.

Olivia kam jetzt auf Andy zugelaufen. »Was ist passiert? Wo warst du?«

Ihr Mann gab ihr einen Kuss. »Ich war bei Jayden, und die drei Jungs hier wissen alles. Sie haben unsere Geschichte aufgedeckt. Doch mach dir keine Sorgen. Alles wird gut.«

Kommissar Reynolds sah auf seine Armbanduhr. Dann griff er zu seinem Megafon. »Meine Damen und Herren, es ist Punkt zwölf, und ich habe die Aufgabe, für Recht und Ruhe zu sorgen, damit die Auktion reibungslos abläuft. Wenn das hier vorbei ist, mache ich drei Kreuze und will von einem Einhorn nie wieder etwas hören. Ich übergebe das Wort jetzt an Mr Jonas.«

Justus' Onkel räusperte sich nervös und stellte sich in die Mitte der Veranda. Neben ihm lag auf dem roten Samtkissen das Horn. »Sie haben gehört, was der Kommissar gesagt hat. Hiermit ist die Versteigerung eröffnet, und es gelten die bekannten Auktionsregeln. Ein Gebot ist ein Gebot und kann nicht mehr zurückgenommen werden. Geboten wird durch ein eindeutiges Handzeichen. Gezahlt wird ausschließlich mit Bargeld. Und los geht's: Wer bietet einen Dollar für dieses Horn?« Sofort schossen viele Hände in die Luft, und Onkel Titus erhöhte den Auktionspreis. Justus versuchte verzweifelt, sich durch die Menschenmenge nach vorn zu arbeiten. Peter und Bob blieben dicht hinter ihm.

»Wer bietet 100 Dollar? 200 Dollar? Ich sehe, Mr Porter bietet mit.«

»Ja, das Horn soll als Glücksbringer über meine Ladenkasse«, rief dieser laut.

»300 Dollar, 400 Dollar. Wo sehe ich eine Hand für 500 Dollar?« Jetzt bot auch der Eishändler Giovanni mit.

»Bietet jemand 1.000 Dollar. 2.000? 5.000?«

»10.000 Dollar!«, rief ein Herr.

»Ja, so macht das Spaß!« Onkel Titus kam jetzt richtig in Fahrt.

»12.000 Dollar!« Neben Mr Pinkert standen weitere Männer, alle mit einem Handy am Ohr. Sie boten für ihre Auftraggeber.

»Höre ich 15.000 Dollar? 20.000? Ja, da geht doch noch mehr! Wer bietet 40.000?«

Mittlerweile sah man nur noch wenige Hände in der Luft. Auch Mr Porter und Giovanni waren längst ausgestiegen. Onkel Titus hob nun einen kleinen Holzhammer. »40.000 Dollar sind geboten. Im Rennen sind noch vier Personen. Was sagen Ihre Auftraggeber, meine Herren? Sie stehen ja über Ihre Handys mit ihnen in Verbindung. Aha, da sehe ich 50.000. Dort 60.000. Sehr gut. 60.000 zum Ersten. Zum Zweiten ...« Schlagartig wurde es ganz still auf dem Schrottplatzgelände.

Plötzlich sprang Mr Pinkert ganz nach vorne. »Mein Auftraggeber bietet 100.000 Dollar!«, rief er, und seine Stimme überschlug sich fast dabei. Ein Raunen ging durch die Menge, und alle anderen ließen die Hände sinken. Onkel Titus tupfte sich den Schweiß von der Stirn. »Gut. 100.000 Dollar sind geboten. Zum Ersten. Zum Zweiten ...«

In diesem Moment hatte es Justus endlich bis nach vorne geschafft und sprang die Stufen zur Veranda hinauf. Onkel Titus starrte ihn an. »Justus? Was soll das?! Nicht in diesem Moment!«

»Doch, Onkel Titus. Genau in diesem Moment.« Dann wandte er sich an Mr Pinkert. »Bitte fragen Sie Ihren Auftraggeber, ob er sich im Klaren ist, was er da kauft.«

Der kleine Mann sah ihn ungläubig an. »Äh, klar weiß er das. Jeder konnte es doch in der Zeitung sehen.«

»Was konnten Sie genau sehen?«

»Na, das Fabeltier auf dem Foto. Und hier auf dem Samtkissen liegt exakt das Horn, das es trug. Es ist eindeutig dasselbe. Und genau das will mein Chef haben. Aber was machst du eigentlich hier? Warum störst du die Auktion?«

Doch Justus ließ sich nicht beirren und hielt die Zeitung hoch in die Luft. »Ich will, dass es alle noch einmal hören: Es geht um das Horn des Tieres, das hier abgebildet ist.«

»Ja, so ist es! Und nun verschwinde, Junge!«

Justus blickte zu seinen Freunden. Danach zu Andy und Olivia. Dann lächelte er und stieg die Treppenstufen wieder hinab. Fast wäre Kommissar Reynolds eingeschritten, und Onkel Titus sah Justus verwirrt nach. Doch schließlich schwang er den Hammer. »Also gut. 100.000 Dollar zum Ersten, zum Zweiten und zum Dritten! Der Zuschlag geht an Mr Pinkert. Bezahlt wird sofort und in bar.«

Als Titus Jonas mit dem Hammer auf das Holzgeländer schlug, brach Jubel aus. Mit zitternden Händen überreichte Mr Pinkert dem Auktionator einen kleinen Koffer. Da sind 100.000 Dollar drin. Sie können nachzählen.«

Onkel Titus grinste zufrieden. »Das werde ich. Und hier ist Ihr Horn. Bitte sehr. Ich darf dann Andy auf die Bühne bitten. Denn ihm gehört das Geld.«

Andy kam auf die Veranda und zog an der Hand seine Frau hinter sich her. »Danke! Danke! Ich weiß gar nicht, wie ich mich bedanken soll.« Unter lautem Jubel nahm er den Geldkoffer in Empfang, und Mr Pinkert wurde leichenblass.

Andy trat jetzt mit dem Koffer auf Kommissar Reynolds zu. »Mr Reynolds, ich übergebe Ihnen, stellvertretend für die Stadt Rocky Beach, 100.000 Dollar für das Grundstück in der Badebucht. Hiermit kaufe ich es.«

Wieder brach Jubel aus, und auch der Kommissar klatschte in die Hände. »Na, endlich ist der Fall erledigt! Ich habe schon Bauchschmerzen davon bekommen. Hiermit gehört Ihnen das Grundstück, alle Vorreservierungen verfallen. Sie können Ihre Strandbar wieder eröffnen. Den Papierkram erledigen wir morgen in meinem Büro. Das wird ein langer Bericht werden«, stöhnte er.

Shaka!

Es dauerte eine ganze Weile, bis sich der Platz geleert hatte. Die letzte Flasche Wasser, die Tante Mathilda noch übrig hatte, trank Onkel Titus in einem Zug aus. »Was für ein Tag. Was für eine Geschichte. Und was für eine Auktion.«

Seine Frau zählte ein Bündel Geldscheine. »Und was für ein Gewinn durch den Getränkeverkauf. Der neue Backofen steht fast schon in meiner Küche. Und dann gibt es reichlich Kirschkuchen.«

Vor dem Wohnwagen reichte Andy Justus die Hand. »Ich danke euch. Ihr habt unsere Zukunft gerettet. Du hättest bei der Auktion ja auch von unserem Schwindel erzählen können. Dann wäre die Geschichte nicht so gut für uns ausgegangen.«

Justus zuckte die Schultern. »Na ja, ich habe die Wahrheit gesagt. Und nichts als die Wahrheit. Mr Pinkert hat für seine Baufirma genau das gekauft, was er auf dem Foto in der Zeitung gesehen hat. Das Horn, das ein Fabeltier auf dem Kopf trug. Das ist nicht gelogen. Das Horn hat er jetzt, nur die Baupläne für sein Hotel sind weg. Shaka!«

Alle lachten jetzt so laut, dass sie sich auf die Klappstühle setzen mussten. Doch plötzlich sprang Peter wieder auf. »Oh nein! Die Surfmeisterschaft! In zwei Stunden geht es los!«

Jetzt gab es kein Halten mehr, und alle packten mit an. Schließlich fuhren sie mit vier Rädern und einem vollgepackten Pick-up zur Badebucht.

Hier war bereits jede Menge los. In den hohen Wellen tummelten sich die Surfer, und am Strand war eine große Bühne aufgebaut. Im warmen Wind ließen Kinder Drachen steigen, und aus den Lautsprechern tönte Surfer-Musik. Andy packte Peter an den Schultern. »Denk an das, was ich dir gesagt habe. Beim Take-off leichte Vorlage und mit Speed in die Welle. Zeig, was du kannst, und behandle dein Brett vorher noch mal mit meinem Spezialwachs. Du schaffst das! Shaka!«

Justus, Bob, Tante Mathilda und Onkel Titus suchten sich einen guten Platz am Strand und breiteten sich rund um die Kühlbox auf ihren Handtüchern aus. Andy trommelte seine Leute zusammen, und kurz darauf trugen jede Menge Helfer wie eine Ameisenkolonne die Einzelteile der Strandbar durch die Bucht. Olivia entfachte ein schönes Lagerfeuer, und das große hölzerne Bauschild von Mr Pinkerts Firma brannte wunderbar.

Dann war Peter an der Reihe. Er suchte sich die beste Welle aus, die weit und breit zu sehen war. Der Take-off gelang, und die Bottom Turns wurden sicher ausgeführt. Im Anschluss zeigte er, wie er einen Floater beherrschte, und stand sicher in den Tubes. Schließlich beendete er den Ritt durch die Wellen mit einem kraftvollen Re-Entry, hob die Hände zum Hang Loose und tauchte kopfüber ins Weißwasser ein. Die Jury stand auf und applaudierte.

Wenig später schritt Peter mit dem Pokal in der Hand zur provisorisch zusammengebauten Strandbar. Stolz stellte er ihn auf dem Tresen ab. Doch Andy hatte noch eine Überraschung. Er griff

nach unten und überreichte dem verblüfften Peter das Surfbrett mit dem aufgemalten Einhorn. Wundersamerweise befand sich an der Spitze wieder ein Horn. »Wo kommt das denn plötzlich her?«, fragte Peter verwundert. Andy grinste. »Akebono Khanamoku hat mir mehrere Hörner geschenkt. Hier, bitte. Das Brett ist für dich!« Peter stand der Mund offen, und er bekam nur ein einziges Wort heraus: »Shaka!«

Kleines Surfer-ABC

Aerial: ein Sprung durch die Luft mit dem Surfbrett
Bottom Turn: Nach dem Herabfahren der Welle wird das Brett wieder zur Wellenwand gedreht.
Drop: Hineinfahren in eine Welle direkt nach dem Start
Duck Dive: mit dem Surfbrett unter einer Welle hindurchtauchen
Goofy: Der Surfer steht mit dem rechten Fuß in Surfrichtung vorne.
Grüne Welle: die noch ungebrochene Welle
Hang Loose: Begrüßung der Surfer; bedeutet so viel wie: Bleib locker
Impact Zone: Bereich, in dem die Welle auf die Wasseroberfläche stürzt
Kick-out: Ausweichmanöver
Line-up: Hier warten die Surfer auf die perfekte Welle.
Peak: höchster Teil der Welle, kurz bevor sie bricht
Regular: Der Surfer steht mit dem linken Fuß in Surfrichtung vorne.
Take-off: Moment des Aufstellens auf das Surfbrett
Top Turn: Drehung des Brettes auf dem oberen Teil der Welle
Wipe-out: Der Surfer stürzt vom Brett in die schäumende Welle.

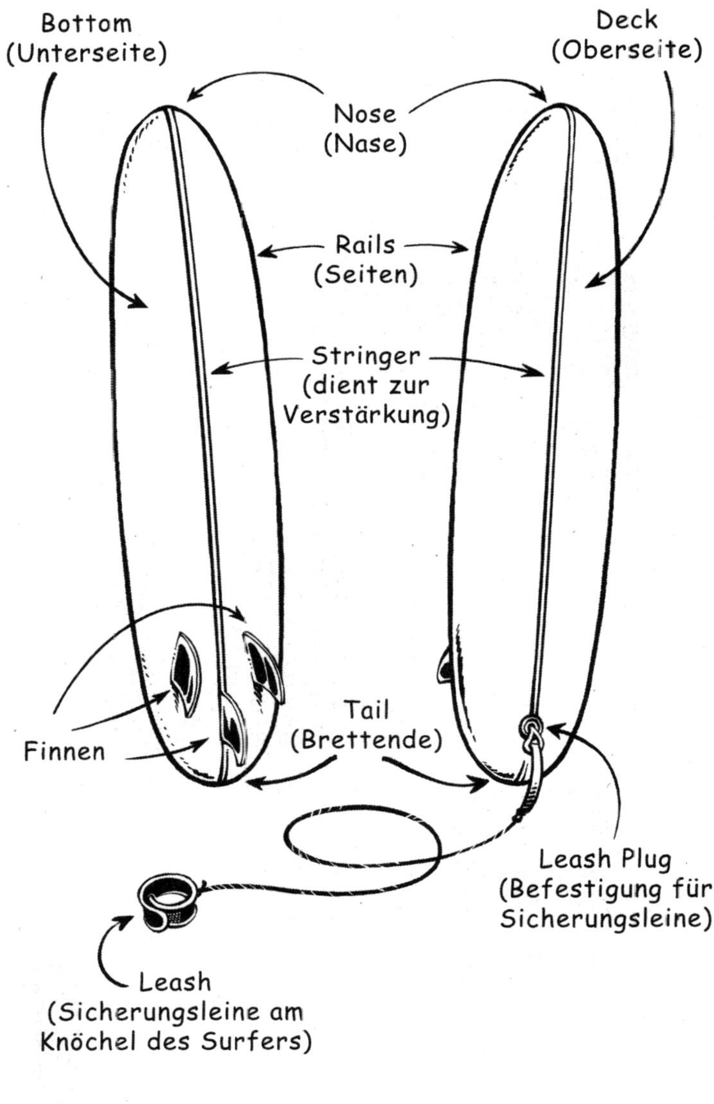
Bottom
(Unterseite)
Deck
(Oberseite)
Nose
(Nase)
Rails
Nose
(Seiten)
Stringer
(dient zur
Verstärkung)
Finnen
Tail
(Brettende)
Leash Plug
(Befestigung für
Sicherungsleine)
Leash
(Sicherungsleine am
Knöchel des Surfers)

BIST DU MUTIG GENUG, DIESES BUCH ZU LESEN?

Ulf Blanck
DIE DREI ??? KIDS: DAS GEFÄHRLICHSTE BUCH DER WELT
Taschenbuch
192 Seiten
ISBN 978-3-551-32022-3

JUSTUS, PETER UND BOB FINDEN EIN BUCH mit verschlossenen Seiten. Angeblich ist es verflucht. Doch davon lassen sich die drei nicht abhalten und öffnen mutig eine Seite nach der anderen. Doch was bedeuten die verschlüsselten Aufzeichnungen? Handelt es sich wirklich um das Forscherhancbuch eines Archäologenteams, das an einem geheimen Ort wertvolle Schätze aus der Urzeit ausgräbt? Eins ist auf jeden Fall klar: Wer in dem gefährlichen Buch liest, ist seines Lebens nicht mehr sicher ...

WWW.CARLSEN.DE

CARLSEN